김규항

사회문화 비평가이자 교육운동가. 사람들이 정치나 경제 고민에서 벗어나 저마다의 작은 일상에 골몰하는 세계를 소망한다. 시스템의 본질에 대한 천착, 간결한 문체와 통찰력 있는 문장의 글을 써왔다. 근래에는 저술에 집중하면서 현대예술 분야 사람들과의 협업도 시도한다. 2003년 어린이 교양지 〈고래가 그래〉를 [illegible] 맡고 있다. 지은 책으로는 [illegible] 노트》 등이 있다.

[illegible] 하고 깊어지는 자본주 [illegible] 하는 것을 넘어 근본 원 [illegible] 자본주의의 체제 구조 및 작동법칙을 밝혀, 오늘날 역사 속의 한 생산양식으로서 자본주의가 늙고 노쇠했음을 드러낸다. 새로운 세계가 생겨나는 이행기를 살아가는 우리에게 변화의 주역은 선구자나 성난 비판자가 아닌, 스스로 사유하는 개인들이라는 점을 알려준다.

페이스북 /gyuhang **홈페이지** gyuhang.net

그림 © 2023 Gallery Joeun and Kwon Min-Ho
표지 그림 아파트, 80×145.5cm, 2021

자본주의
세미나

자본주의 세미나

1판 1쇄 인쇄 2023. 5. 3.
1판 1쇄 발행 2023. 5. 22.

지은이 김규항

발행인 고세규
편집 이혜민 디자인 조은아 마케팅 고은미 홍보 이한솔
발행처 김영사
등록 1979년 5월 17일 (제406-2003-036호)
주소 경기도 파주시 문발로 197(문발동) 우편번호 10881
전화 마케팅부 031)955-3100, 편집부 031)955-3200 | 팩스 031)955-3111

값은 뒤표지에 있습니다.

ISBN 978-89-349-6589-3 03300

홈페이지 www.gimmyoung.com 블로그 blog.naver.com/gybook
인스타그램 instagram.com/gimmyoung 이메일 bestbook@gimmyoung.com

좋은 독자가 좋은 책을 만듭니다.
김영사는 독자 여러분의 의견에 항상 귀 기울이고 있습니다.

체제 이행기의

사유와 성찰

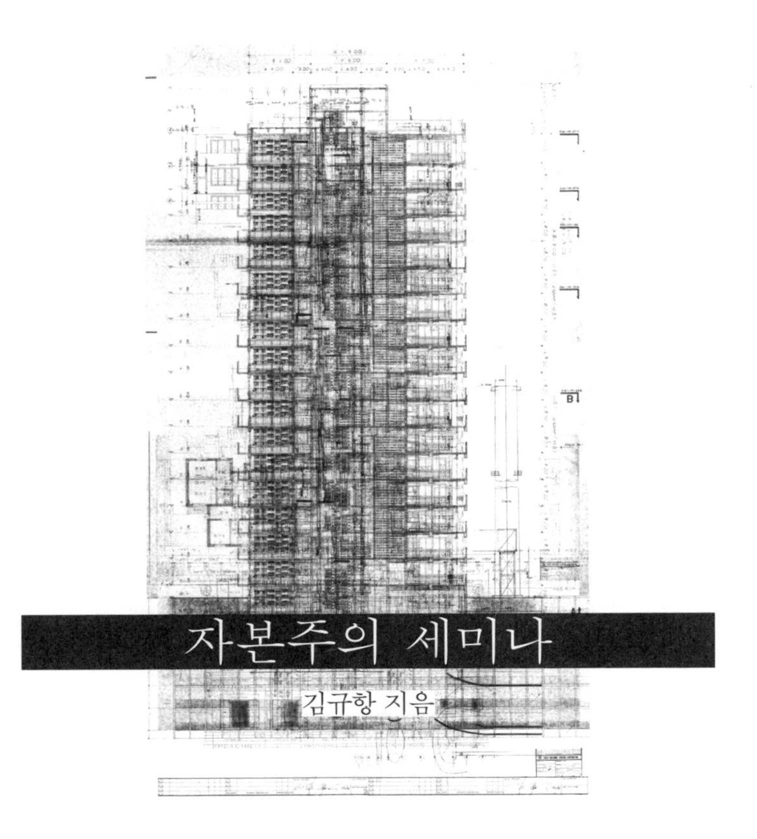

자본주의 세미나

김규항 지음

김영사

들어가며

이 책은 우리가 살아가는 자본주의 체제를 파악하는 데 꼭 필요한 내용을 되도록 쉽고 간결하게 담은 것입니다.

경제, 노동, 기후 등 거의 모든 부문에서 위기가 장기화하고 깊어지면서, 자연스럽게 자본주의 체제에 대한 회의와 비판도 늘어나고 있습니다. 그런데 눈앞에 펼쳐지는 현상만으로도 자본주의를 충분히 비판할 수 있다는 건 함정일 수 있습니다. '자본주의가 나쁜 체제인 건 나쁜 체제이기 때문'이라는 피상적 동어반복에 빠지는 것입니다. 비판에 앞서 그런 현상들이 만들어지는 원인과 메커니즘을 알아야 합니다. 해결책과 대안은 그다음입니다.

자본주의는 역사적으로 그리고 사회마다 여러 모습

을 보입니다. 하지만 여러 모습의 자본주의가 공통적으로 갖는 일반적 구조와 작동법칙이 있습니다. 자본주의의 여러 모습은 일반적 구조와 작동법칙이 각각의 사회적 조건에서 발현된 거라 할 수 있습니다. 그러므로 자본주의를 파악하는 것은 먼저 자본주의의 일반적 구조와 작동법칙을 이해한 후, 내가 살아가는 자본주의를 구체적으로 파악하는 일입니다.

자본주의의 일반적 구조와 작동법칙과 관련하여 모든 책은 마르크스의 《자본》에 크게 기대게 됩니다. 이유는 단순합니다. 《자본》이 그 일의 성과물로서 독보적이기 때문입니다. 그러나 이 책은 전통적인 마르크스주의적 견해와는 일정한 차이를 갖습니다. 그중 둘을 밝혀둡니다.

노동자 계급 내의 계층 격차를 중요하게 봅니다. 자본주의 초기에 이 문제는 그리 불거지지 않았지만 이젠 계급 격차를 무색하게 할 정도입니다. 흔히 이런 변화는 자본주의의 속성 변화라 여겨지지만, 이 책은 자본주의의 본디 속성이 본격화한 거라 봅니다.

또한 이 책은 자본가 계급을 자본주의 사회의 지배자로 보지 않습니다. 유일하고 진정한 지배자는 자본이며, 노동자가 임금 노예이듯 자본가 역시 자본 운동을 수행하는 노예입니다. 새로운 사회로의 이행은 계급해방이 아니라 자본으로부터의 인간해방으로 보는 것이기도 합니다.

자본주의를 파악하는 일이 주는 첫 번째 효용은 오히려 사적인 것일 수 있습니다. 사회체제는 그에 속한 인간의 생각과 행동에 일정한 경향성을 만들어냅니다. 특히 자본주의 체제는 거스를 수 없이 강력합니다. 내 생각과 행동을 돌아보며 어디까지가 정말 내 것인지 혼란스러웠던 경험은 누구나 한번쯤 있을 겁니다. 자본주의를 파악하는 일은 나를 파악하는 일과 멀리 떨어져 있지 않습니다.

방대한 내용을 작은 책으로 만드는 작업이 쉽지 않았습니다. 초고부터 함께 읽고 토론해준 동무들의 도움이 컸습니다. 마르크스 경제학에 대한 감수를 맡아주신 김성구 선생님 덕에 좀 더 안심하고 책을 낼 수 있었습니다.

2023년 5월 제주 중산간에서

김규항

차례

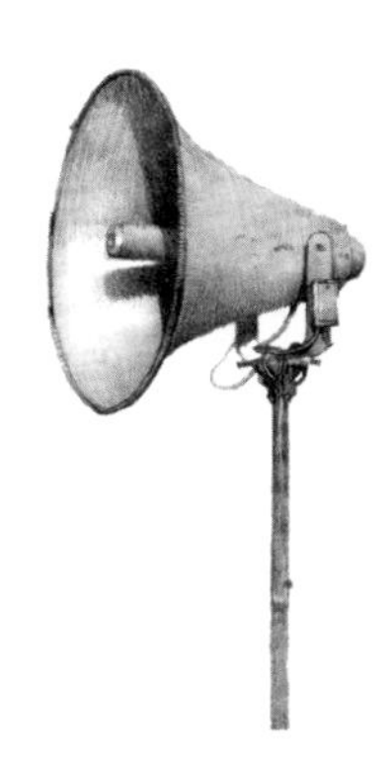

01

생산과 노동

자본주의를 '상품으로 이루어진 세계'라고 해도 좋을 겁니다. 인간의 생활과 관련한 재화와 서비스 가운데 상품이 아닌 게 없죠. 자본주의 사회에서 살아간다는 건 끝없이 이어지는 상품 교환 행위이기도 합니다. 사회관계는 상품 교환의 원칙과 계약으로 이루어집니다. 생활을 유지하는 일반적인 방법은 노동력이라는 상품을 판매하는 것이고요. 한마디로 자본주의에서 상품은 부의 기본 단위이자 사회를 이루는 세포와 같습니다.

상품이 자본주의 사회에서 처음 생겨난 건 아닙니다. 원시사회 말기에 이미 공동체 간의 물품 교환이 나타났고, 이후 인류 역사에는 언제나 상품과 시장이 존재했죠. 다만 상품으로 교환되는 건 전체 생산물의 극히 일부였습니다. 가령 근대 이전 사회에서 가장 주요한 생산물인 농산물은 상품이 아니었습니다. 생산자는 노동생산물을 지배계급에게 바치거나 자신이 소비했고요. 그런데 자본주의 사회에서 이 모든 건 상품이 됩니다. 왜일까요?

인간은 유기체로서 생존하고 생활하기 위해 끊임없이 소비해야 합니다. 소비의 대상은 원천적으로 자연에서 옵니다. 수렵이나 채집처럼 자연 상태로 소비하는 경우도 있지만, 인간은 자연의 대상에 자신의 '노동'을 가하여 소비하기에 적당한 상태로 변화시킵니다. 이 과정이 곧 '생산'이죠.

처음에 인간은 생존과 생활에 필요한 것들을 각자 제 손으로 생산했습니다. 그러다 일정 수준 이상의 공동체를 이루며 살게 되고부터는 사회적으로 종목을 나눠서 생산하고 그걸 다시 분배하는 방식을 취하게 됐는데, 이걸 '사회적 분업'이라고 합니다.[1]

사회적 분업은 사회의 기본 토대입니다. 이게 제대로 이뤄지지 않으면 사회가 정상적으로 유지될 수 없습니다. 어떤 재화는 많이 생산되고 어떤 재화는 사회 성원의 필요보다 턱없이 적게 생산된다면, 혹은 생산한 걸 누군가

독차지해버린다면 말입니다. 또한 생산은 한 번에 그치는 것이 아니라 반복해서 이루어져야 합니다. 모든 사회적 생산은 '재생산'인 거죠.

사회적 분업은 결코 손쉬운 일이 아닙니다. 사회의 총 노동을 사회의 필요에 따라 적절하게 배분해야 하는데, 어떤 사회든 노동력은 한정되어 있으니까요. 어느 한 생산 부문에 노동력을 사용하면 다른 생산 부문에 사용할 수 있는 노동력이 그만큼 줄어들겠죠. 노동인구가 100만 명이고 노동일(하루 노동시간)[2]이 여덟 시간인 사회를 가정해봅시다. 생산 부문은 쉽게 의복, 식량, 주거 세 부문이라고 하고요. 이 사회의 하루 총 노동시간은 800만 시간입니다. 그럼 먼저 의복 생산 부문에 200만 시간을 배분해볼까요?

---

1 분업의 또 다른 형태는 자본주의에서 시작된 '작업장 분업'입니다. 이는 한 상품을 생산하는 과정을 잘게 쪼개어 생산성을 높이는 방법인데요. 마르크스는 작업장 분업을 '분업의 자본주의적 사용'이라 일컬었습니다. 이걸 통해 노동자를 단순 기능공으로 만들고, 일생 동안 한 직종에 긴박시키며, 노동을 소외시키는 거라고 했죠. 아울러 노동자의 불구화, 정신노동과 육체노동의 분리, 도시와 농촌의 대립 또한 여기서 비롯한다고 봤습니다.

2 노동시간은 1일, 1주, 1년 단위에 따라 각각 노동일, 노동주, 노동년이라 부릅니다.

이제 나머지 두 생산 부문에 배분할 수 있는 노동시간은 600만 시간이 됩니다. 다음으로 식량 생산 부문에 450만 시간을 배분합니다. 그러면 주거 생산 부문에 배분할 수 있는 노동시간은 150만 시간뿐이죠.

사회적 분업은 곧 노동 배분이고, 모든 사회는 저마다의 노동 배분 방식을 갖습니다. 인류는 원시 공산제, 고대 노예제, 중세 봉건제, 자본주의 등의 생산양식을 거쳐 왔습니다. 생산양식을 구분하는 기준은 생산력과 생산관계이며 그에 따라 노동 배분 방식이 정해집니다.

생산력은 생산에 사용되는 모든 능력을 말합니다. 인간 노동에 의해 만들어진 도구, 기계, 기술 그리고 인간 자신의 지식과 숙련이 모두 생산력에 포함되죠.[3] 한편 생산관계란 생산이 사회적으로 편제되는 방식입니다. 사회적 분업의 조직, 그리고 다양한 생산력과 생산수단이 여러 계급 사이에서 분배되는 방식을 말하는 겁니다.

원시사회는 공산제 사회였습니다. 공동으로 생산하

---

3 일반적으로는 노동생산력 혹은 노동생산성과 같다고 보면 됩니다. 일정한 양의 재화나 서비스를 생산하기 위해 얼마나 오래 노동해야 하는가 혹은 동일한 시간 동안 노동해서 얼마나 많이 만들어낼 수 있는가를 말하죠.

고 공동으로 분배하는 사회라는 뜻입니다. 그런데 원시사회뿐 아니라, 사회적 분업으로 생산을 하는 모든 사회는 공동 생산을 합니다. 수많은 사람이 여러 노동을 수행해 사회에 필요한 것들을 생산하죠. 여기서 각 사회의 차이는 그렇게 공동으로 생산된 것들이 공동으로 분배되는가를 기준으로 생겨나는데, 이는 '생산수단'의 소유 형태에 달려 있습니다. 생산을 진행하려면 도구나 기계, 원료, 토지 등과 노동력이 필요합니다. 그중에서 노동력을 뺀 모두를 일컬어 생산수단이라고 합니다. 이때 생산수단이 공동 소유이면 생산물도 공동 분배되고, 생산수단을 특정 집단이 사유하고 있으면 생산물은 그 집단의 사유물이 됩니다.[4]

원시사회가 공산제였던 건 원시인들이 공산주의자여서가 아니라, 생산력이 지나치게 낮고 생산수단이라 할 만한 것도 없었기 때문입니다. 모두가 위아래 없이 노동해도 생존조차 쉽지 않았던 시절이죠. 여성과 남성은 함께 채집하고 사냥했으며 아이 양육은 공동으로 이루어졌습니다.

---

4 공산주의자들이 말하는 '사적 소유제도의 폐지'도 바로 생산수단의 공유를 뜻합니다. 모든 개인 재산을 몰수하여 국유화하는 건 공산주의의 본디 지향이 아닙니다.

공동체의 지도자는 지배자가 아니었습니다. 가장 뛰어나고 힘센 사람은 가장 힘들고 어려운 일을 해결하는 사람이기도 했지요.

도구가 발전하고 토지 경작이 가능해져 생산력이 사회 성원의 필요를 충족하고도 남을 만큼 잉여 생산물을 만들어내게 되자, 잉여 생산물을 독점하는 소수 즉 지배계급이 생겨납니다. 이때부터 사회적 노동 배분은 세습된 계급에 기반한 공동체 질서로 이루어졌습니다. 노예, 농노, 농민, 장인 등 피지배계급이 생산을 맡았고요. 생산 종목은 정교하게 정해졌고 자식에게 대물림되었습니다. 이를테면 조선 사회에서 도축은 백정이 담당했는데, 백정 수는 당시 사회에 필요한 도축 생산량에 조응했던 셈입니다. 이 말은 곧 만일 생산량이 사회의 필요와 많이 어긋나게 되었다면, 백정 수 역시 조정되었을 거라는 뜻이기도 합니다.

노예주, 귀족, 양반 등 지배계급은 생산에 참여하지 않았습니다. 이들은 피지배계급의 생산물 일부(전부가 아닌 이유는, 생산자가 노동을 지속하기 위해 소비할 부문은 남겨야 했기 때문이죠)를 공납, 부역, 세금, 지대 등의 형태로 수탈하여 생활했습니다. 그리고 생산인구가 일정 수준 이상 유지되어야 했기 때문에 지배계급의 수는 일정 수준 이하로 유지되어야 했습니다. 부모 중 한쪽이 노예일 경우 자식이 노예 신분을 갖는 식의 제도는 이와 관련이 있습니다.

세습되는 계급 즉 신분은 신의 뜻이거나 자연의 섭리라 여겨졌으므로, 노동 배분의 공동체 질서는 안정적이었습니다. 법, 윤리, 정치, 학문 등 제도가 이 질서에 기반해 만들어졌고 이 질서의 유지에 이바지했죠. 반면 상품과 시장의 확대는 이 질서를 위협할 수 있는 것으로 간주되어 국가에 의해 엄격하게 제한되고 관리되었습니다.

하지만 근대사회로 진입하면서 이러한 노동 배분의 공동체 질서도 해체되고 맙니다. 근대사회에서는 개인이 어떤 노동을 해야 할지 정해져 있지 않고, 노동을 명령하거나 강제하는 지배계급도 없습니다. 사회가 신분제 사회에서 민주적인 사회로 변화했으니, 그럼 이제 바람직한 수순은 노동 배분의 공동체 질서 역시 신분제적 질서에서 민주적 질서로 변화하는 것일 터입니다. 모든 사람이 평등한 권리를 갖고서 생산과 분배를 계획하고 조정하는 질서로 말이죠.

그러나 노동 배분의 새로운 질서는 어떤 형태로도 만들어지지 않았습니다. 실제 결과는 지금 우리가 목도하는 대로 모든 게 상품인 사회입니다. 모든 생산자가 생산물을 상품으로 전환하여 시장에서 교환하는 '상품생산 사회' 말입니다. 상품생산 사회에서 모든 생산자는 사회의 필요를 생산하는 것이 아니라 자신에게 이익을 가져다주리라 기대되는 것을 생산합니다. 생산에 관해 생산자 차원의 계획은 있어도 사회 차원에선 아무런 계획이 없는 셈입니다. 생산물이 사회의 필요에 부합하는가는 시장을 통해 사후적으로 확인됩니다.

경제학에서는 상품생산이야말로 최선의 경제체제라고 말합니다. 경제학의 시조라 불리는 애덤 스미스는 '자신의 이득을 위해 교환하고 교역하는 건 인간의 본능'이라고 했습니다. 오늘날 널리 읽히는《맨큐의 경제학》에서도 '자유 거래가 모든 사람을 이롭게 한다'는 것을 경제학의 원리 중 하나로 듭니다. 경제학의 설명은 예나 지금이나 비슷합니다. 상품생산이란 본래 인간 본능에 부합하고 모두에게 이로운 것인데, 오랫동안 노예제나 봉건제 같은 사회체제에 억눌려 있다가 근대에 들어 활짝 꽃피웠다는 이야기죠.

경제학은 상품생산을 하나의 생산 질서인 것처럼 말합니다. 하지만 정확하게 말하면 상품생산은 '생산 질서 없음'을 의미합니다. 게다가 자본주의 사회는 모든 생산자가 주체인 상품생산 사회도 아닙니다.

사적 소유권은 자유주의 이념의 기초입니다. 귀족이나 양반이 모든 걸 차지하며 세습하던 사회를 무너뜨리고, 모든 개인이 제 재산을 가질 수 있게 하자는 아이디어, 그게 정치적 권리의 기반이라는 아이디어는 분명 민주적입니다. 하지만 그런 일이 현실에서 구현되기 위해 가장 중요한 건 생산수단의 공유죠. 자본주의 사회에서는 이전 사회와 마찬가지로 생산수단을 소수가 배타적으로 소유합니다.

생산수단의 사유화는 다음 두 가지를 의미합니다.

1. 생산수단의 사용은 생산수단 소유자가 결정한다.
2. 생산수단을 사용한 생산물은 생산수단 소유자의 것이다.

자본주의는 모든 사람이 제 이익을 위해 생산한다는 의미에서의 상품생산 사회가 아니라, 생산수단 소유자들이 제 이익을 위해 생산한다는 의미의 상품생산 사회입니다. 생산수단을 소유하지 않은 사람들은 생산수단 소유자에게 제 노동력을 판매하며 살아가죠. 생산수단이 사유화함으로써, 신분제 사회는 다시 생산수단을 소유한 계급과 소유하지 못한 계급으로 나뉜 사회가 됩니다. 법적으로는 평등하나, 실제로는 평등하지 않은 사회인 겁니다.

상품생산은 자본주의가 사회적 노동 배분을 이루는 방식입니다. 상품생산이 어떻게 사회적 노동 배분을 이루는지 알려면, 먼저 상품이 무엇인지부터 살펴봐야 할 것입니다.

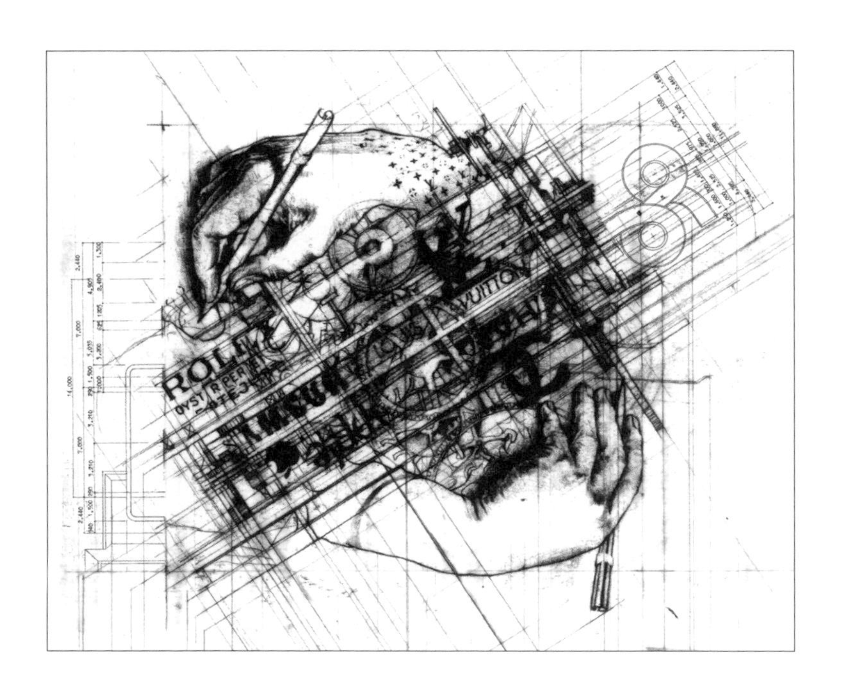

02

상품이란 무엇인가

모든 게 상품인 사회에서 살아가는 사람에게 상품은 본디 존재하는 자연물이나 다름없습니다. 굳이 상품이 무엇인지 물을 이유를 못 느끼죠. 하지만 언제나 그렇듯, 제대로 본다는 건 익숙하고 당연한 것에 질문하는 일에서 출발합니다.

우리가 일상에서 상품을 대할 때 관심은 일단 두 가지입니다. 유용성(쓸모)과 가격이죠. 탁자의 유용성은 음식이나 차를 올려놓고 먹는 데 있습니다. 또 어떤 상품은 탁자처럼 물리적 유용성을 갖는 게 아니라, 정신적이거나 문화적인 유용성을 갖기도 합니다. 유용성이 없는 상품은 없습니다. 이런 상품의 유용성을 '사용가치'라고 하는데, 사용가치는 상품체(상품을 이루고 있는 물체) 자체의 속성입니다. 탁자의 사용가치는 외부에서 그 상품에 임의로 부여한 게 아니죠. 탁자가 가진 형태와 질에 깃들어 있으니까요. 사용가치는 상품의 첫 번째 요소입니다.

그런데 사용가치는 '유용성'을 뜻하는 동시에 '유용성을 가진 사물'을 뜻하기도 합니다. 유용성 자체가 상품체 없이는 존재하지 않기 때문이죠. 그러므로 '상품은 사용가치를 갖는다'라는 것도 말이 되고, '상품은 사용가치다'라는 것도 말이 되는 거죠.

그런데 사용가치는 상품에만 있는 게 아닙니다. 모든 노동생산물은 사용가치를 갖습니다. 굳이 사용가치가 없는 걸 애써 만들진 않으니까요. 고대 노예나 중세 농노가 생산한 감자는 오늘날 시장에서 판매되는 감자와 사용가치가 기본적으로 같습니다. 하지만 상품은 아니죠. 자본주의 사회에서도 어떤 사람이 탁자를 만들어 자신이 직접 사용한다면 그 탁자는 상품이 아닙니다. 팔려고 내놓을 때에야 비로소 탁자는 상품이 되는 거죠.

상품은 교환을 목적으로 한 노동생산물, 생산자 자신의 소비가 아닌 타인의 소비를 위한 노동생산물입니다. 사용가치가 생산자 자신이 아닌 다른 사람에게 주어지는 노동생산물, 혹은 사용가치가 사회적인 노동생산물이 곧 상품이라고 말할 수도 있겠습니다.

여기서 잠깐, 상품은 '재화goods'와는 어떻게 다를까요? 재화라는 건 유용물(쓸모 있는 사물)입니다. 거기엔 노동생산물도 있고 노동생산물이 아닌 것도 있죠. 상품은 재화 중에서도 노동생산물, 그중에서도 타인의 소비를 위해 교환에 들어가는 것을 말합니다.

상품과 상품의 교환은 일정한 비율로 이루어집니다. 이 비율을 '교환가치'라고 하죠. 탁자 한 개가 셔츠 네 장과 교환된다면, 탁자 한 개의 교환가치는 셔츠 네 장입니다. 셔츠 네 장의 교환가치는 탁자 한 개이기도 하고요. 그런데 오늘날 현실에서 상품은 이렇게 물물교환 방식으로 교환되지 않죠. 화폐를 통해 교환됩니다. 즉 모든 상품의 교환가치가 '가격'으로 표현된다는 겁니다. 탁자 가격은 20만 원, 셔츠 가격은 5만 원 하는 식으로요.

가격은 상품과 화폐의 교환가치입니다. 교환가치는 상품 간의 교환 비율인데 화폐는 상품이 아니지 않은가, 의문이 들 수 있을 텐데요. 우리는 곧 화폐도 원래는 상품이라는 점을 살펴보게 될 것입니다.

그렇다면 사용가치와 교환가치는 어떤 관계가 있을

까요? 앞의 예에서, 탁자의 교환가치는 셔츠의 교환가치의 (물물교환 방식으로든 화폐로 표현하든) 네 배입니다. 그렇다면 탁자의 사용가치가 셔츠의 사용가치의 네 배일까요? 그렇진 않죠. 탁자와 셔츠의 사용가치는 전혀 다르므로, 둘을 양적으로 비교할 순 없습니다. 상품의 사용가치와 교환가치는 무관합니다. 사용가치는 상품의 '질과 형태'에 관한 것이고, 교환가치는 상품의 '양'에 관한 것이니까요.

이제 상품이 어떻게 일정한 교환가치(가격)를 갖는지 알아볼 차례입니다. 경제학 지식이 어느 정도 있다면 바로 수요-공급 곡선이 떠오를 겁니다. 가격 축과 수량 축이 있고 우하향하는 수요 곡선과 우상향하는 공급 곡선이 있는데, 두 곡선이 만나는 지점에서 균형 가격과 균형 생산량이 결정되면서 자원의 효율적 배분이 이루어진다는 이야기죠. 수요-공급 곡선은 사실상 경제학(미시경제학)의 처음이자 끝이기도 합니다.

수요-공급 관계에 따라 상품 가격이 변화하는 건 사실입니다. 수요가 공급보다 많으면 상품 가격이 오르고, 공급이 수요보다 많으면 상품 가격은 내리죠. 800원짜리 라면과 3,000만 원짜리 자동차의 가격은 각각 수요-공급 관계에 따라 오르고 내립니다. 그런데 라면 수요가 아무리 많아도 3,000만 원에 팔리는 일이 있을까요. 자동차 공급이 지나치게 늘어나 800원에 팔리는 상황이 있을까요. 라면 가격과 자동차 가격은 800원과 3,000만 원을 중심으로, 수요-공급에 따라 오르고 내립니다. 문제는 수요와 공급이 일치하는 상태에서 라면 가격은 왜 800원이고 자동차 가격은 왜 3,000만 원인지, 수요공급론으로는 설명할 수 없다는 것입니다. 수요공급론은 수요와 공급이 일치하는 상태로부터 가격 변화나 괴리만을 설명할 뿐입니다.

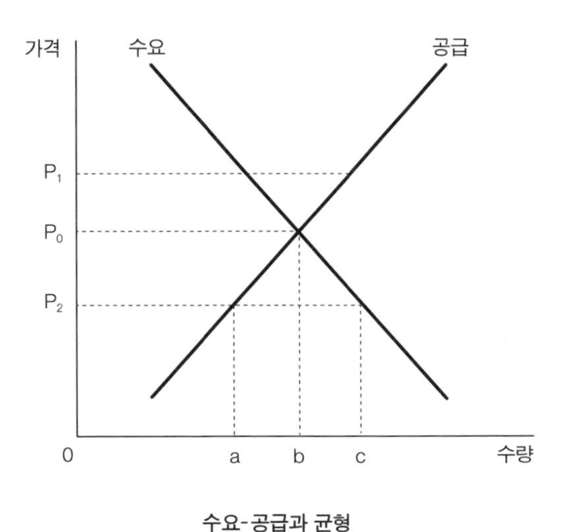

수요-공급과 균형

800원이라는 라면 가격과 3,000만 원이라는 자동차 가격을 만드는 건 뭘까요? 바로 상품의 '가치value'입니다. 우리는 일상에서 은연중에 이 말을 사용합니다. 상품을 고를 때 가격이 비싸다 혹은 싸다는 말은 가치에 비해 가격이 비싸다 혹은 싸다는 의미인 경우가 많습니다. 물론 이때 가치는 다음에 살펴볼 '가치'와 개념적으로 일치하진 않습니다. 오히려 사용가치에 가깝죠. 상품의 유용성 대비 가격을 말하는 건데요. '가성비'라는 말도 비슷합니다. 어쨌든 우리는 상품에는 가격으로 표현되는 어떤 실체로서 가치가 들어 있다고 생각하며 은연중에 이 말을 씁니다.

상품 가격은 상품 가치의 화폐적 표현입니다. 가격은 수요-공급 관계나 시장 상황에 따라 진동하지만, 가치라는 기준점 혹은 중력의 중심으로부터 진동하는 거죠. 사용가치가 상품의 첫 번째 요소라고 했는데 상품의 두 번째 요소가 바로 가치입니다.

상품은 '사용가치'와 '가치'라는 두 요소를 갖습니다. 상품의 두 요소를 '사용가치'와 '교환가치'라고 말하는 경우가 있지만 그른 표현입니다. 교환가치(가격)는 상품의 요소가 아니라, 상품의 요소인 가치의 현상적 표현이니까요. 자본주의를 비판하는 맥락에서, 생산이 '(사용가치가 아니라)

교환가치를 목적으로' 이루어진다고 말하는 것도 마찬가지로 그른 표현입니다. 생산이 '가격을 목적으로' 이루어진다는 말은 성립하지 않으니까요.

이제 가치가 무엇인지 알아볼 차례입니다.

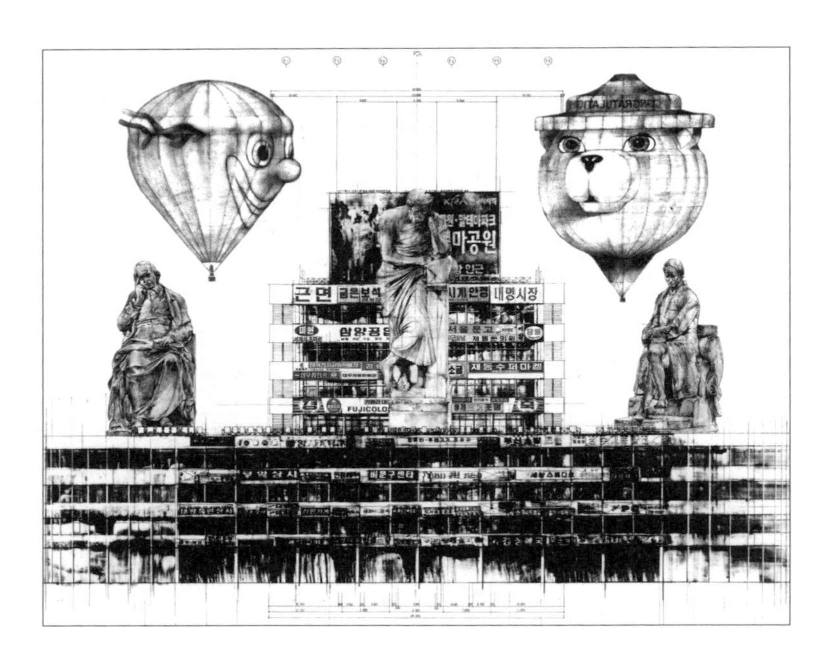
CONGRATULATIO
마공원
근 면
금은보석
시계안경
대명시장
서울문고
재동수퍼마켓
FUJICOLO
비운구센타

03

가치법칙

상품이 일정한 교환가치(가격)를 갖는 건 상품이 가치로써 비교되기 때문입니다. 상품은 노동생산물이며, 사용가치와 가치라는 두 요소를 갖습니다. 그렇다면 상품을 생산하는 노동도 사용가치를 만드는 측면과 가치를 만드는 측면을 갖는다는 말이 됩니다. 다음 문장을 볼까요?

재봉 노동은 셔츠를 생산하고 용접 노동은 배를 생산한다.

여기서 두 가지 노동은 질과 형태가 전혀 다릅니다. 호환되지도 않죠. 아무리 숙련된 재봉 노동자라 해도 배를 생산하는 데 참여할 순 없습니다. 그 반대도 마찬가지고요. 두 가지 노동은 각각 다른 구체적 유용성, 즉 사용가치를 만듭니다. 이것을 '유용노동'이라고 합니다. 자본주의가 발달할수록 더 다양한 사용가치가 만들어져왔습니다. 물론 그게 다 인간의 필요 때문은 아니지만, 오늘날 유용노동의 가짓수는 헤아릴 수 없이 많죠. 생물이 역, 계, 문, 강, 목, 과, 속, 종의 체계로 분류되듯, 유용노동도 여러 체계를 가집니다. 그럼 이 문장은 어떤가요?

> 셔츠 한 장 생산보다 배 한 척 생산에 훨씬 더 많은 노동이 필요하다.

여기서 노동이란 유용노동으로서의 질적 차이는 무시되고 양적 크기로만 표현됩니다. '주 5일 노동' '장시간 노동에 시달리는 노동자' 같은 말에서도 그렇죠. 재봉 노동이든 용접 노동이든 혹은 다른 노동이든, 모든 유용노동은 인간의 육체적이거나 정신적인 능력을 일정한 시간 동안 일정한 강도로 지출한다는 점에선 다르지 않습니다. 모든 노동은 유용노동으로서의 질적 차이를 배제하고 보면, 인간 노동이라는 동일성만 남습니다. 이걸 '추상적[1] 인간 노동'이라 합니다.

유용노동과 추상적 노동을 제대로 이해하기 위해 생산력과의 관계를 살펴볼까요? 여기 재봉 노동자 한 명이 한 시간에 셔츠 한 장을 생산하던 공장이 있습니다. 새로운 기계 도입으로 노동생산성이 두 배가 되어, 노동자 한 명이 한 시간에 셔츠 두 장을 생산하게 되었습니다. 재봉 노동이라는 유용노동의 측면에서 보면 생산력이 두 배가 된 겁니다. 하지만 추상적 노동 측면에서는 어떤가요. 한 시간 노동은 다름없이 한 시간 노동일 뿐입니다. 여기서 생산력이라는 건 어디까지나 유용노동에 관한 것임을 알 수 있습니다.

추상적 노동과 생산물의 관계는 어떤가요. 셔츠 한 장을 생산하는 데 필요한 추상적 노동은 2분의 1로 줄었죠. 그래서 셔츠 한 장의 가치도 2분의 1로 감소합니다. 생산력이 발전하면 사용가치 한 단위당 가치 크기도 감소하는 겁니다. 그럼 유용노동과 생산물의 관계는 어떤가요.

---

1 '추상abstract'이라는 말은 뭔가 모호하고 이해하기 어려운 걸 표현할 때 사용하는 경우가 많습니다. 본디 의미는 복잡하고 다양한 현상들에서 공통적인 본질을 뽑아내는 것입니다.

셔츠 한 장을 생산하는 유용노동은 다름없이 셔츠 한 장을 생산할 뿐입니다.

노동인구가 3만 명이고 노동일이 여덟 시간, 하루 총 노동시간은 24만 시간인 사회를 다시 생각해보죠. 이 사회가 재생산을 제대로 이루려면 24만 시간을 어느 생산 부문에 얼마나 배분할 것인가를 적절하게 정해야 합니다. 여기서 '어느' 생산 부문인가는 유용노동에 관한 것입니다. 어떤 사용가치를 생산하는 노동이냐는 거죠. '얼마나' 배분할 것인가는 추상적 노동을 말합니다. 24만 시간, 즉 사회 총 노동시간 중에 일부를 어느 한 생산 부문에 배분하면, 나머지 부문에 배분할 수 있는 추상적 노동의 양은 그만큼 줄어듭니다.

자본주의 사회에는 노동 배분의 공동체 질서가 없습니다. 모든 생산자는 저마다 자신에게 더 많은 이익을 가져올 거라 기대하는 것을 생산할 뿐이죠. 즉 자본주의 사회에서 노동은 철저히 사적으로 수행됩니다. 가령 내가 가구만 생산하면 혹시 사회적으로 필요한 식량 생산이 부족해지는 건 아닐까, 같은 걱정을 하는 사람은 없죠. 설사 걱정한다고 해도 도무지 가늠할 수 없는 일이고요. 그럼에도 생산자[2]가 어떤 상품을 생산하는 데 일정량의 노동을 지출하면, 그가 의식하든 의식하지 않든 원하든 원하지 않든 상관없이, 사회 총 노동에서 그만큼을 소비하는 겁니다. 나머지 생산에 사용할 수 있는 노동량은 그만큼 줄어들게 되고요.

자본주의 사회에서 노동은 사적으로 수행되지만, 자본주의 사회는 (노동 배분의 공동체 질서가 있는 다른 사회와 마찬가지로) 사회적 분업이 이루어지고 있기 때문에 유지됩니다. 자본주의에서 노동은 사회적 의도를 갖지 않는 사회적 노동인 거죠. 다른 점이 있다면, 노동 배분의 공동체 질서가 있는 사회에서 노동은 직접적으로 사회적 노동인 반면에, 자본주의에서 노동은 상품 교환을 통해 간접적으로 사회적 노동이 된다는 겁니다.

자본주의에서 노동이란 첫째, 사회에 필요한 수많은 사용가치 중 하나를 생산하는 유용노동으로서 사회적 노동입니다. 둘째, 사회의 총 노동 중 일부를 소비하는 추상적 노동으로서 사회적 노동입니다. 이 추상적 노동, 즉 사

2 자본주의에서 생산은 생산자가 직접 진행하는 게 아니라, 여러 생산자(노동자)를 고용한 자본가가 진행하죠. 일단 여기서는 '생산자'라 추상해서 표현하고, 뒤에서 자본가와 노동자의 관계를 살펴보겠습니다.

회의 총 노동 중 개별 상품생산에 소비된 부분이 그 상품의 가치입니다.

상품 가치가 인간 노동이라는 말은 종종 '인간 노동이 상품 가치다'라는 말로 오해되기도 합니다. 하지만 상품 가치가 인간 노동이라는 말은, 인간 노동이 그 자체로 가치라는 의미가 아니라, 인간 노동이 상품 가치를 형성한다는 의미입니다. 인간 노동은 '동적인' 상태에서가 아니라 상품에 '응고된' 상태에서 가치가 됩니다. 정리하면 상품은 '일정한 노동시간이, 가치로서, 대상물에 체현된 것'입니다.

'가치'는 자본주의에서 생산자들이 서로 다른 사용가치를 가진 생산물을 교환하는 기준입니다. 생산자들이 가치라는 개념을 알거나 의식하고 행동하는 건 아니지만, 가치를 기준으로 생산물을 교환함으로써 노동의 사회적 배분을 이루는 거죠. 노동생산물은 가치를 가짐으로써 전체 상품 세계의 일원이 됩니다. 이것은 개별적인 사적 노동이 사회적 총 노동의 일부가 된다는 의미이기도 합니다.

추상적 노동도 가치도 상품생산 사회에서만 존재합니다. 다양한 유용노동으로 생산된 노동생산물을 교환하기 위해서는, 그 노동들을 추상적 인간 노동으로 환원하여

가치로서 '동등화'해야만 하기 때문입니다(우리는 뒤에서 이 노동의 동등화가 자본주의의 독특하고 치명적인 현상인 '상품 물신성'의 필연적 원인임을 보게 될 겁니다). 상품생산 사회가 아니라면, 모든 노동생산물을 상품으로 교환하지 않아도 되는 사회라면, 추상적 노동이나 가치 같은 건 필요 없죠. 노동은 그저 다양한 사용가치를 만들어내는 유용노동인 걸로 충분합니다.

앞에서 생산성과 추상적 노동의 관계를 봤는데, 이는 곧 생산성과 가치의 관계이기도 합니다. 생산성이 증대하면 생산에 필요한 추상적 노동량이 줄어들므로 상품 가치가 하락합니다.[3] 한 상품의 가치 크기는 그 상품에 체현된 노동량에 정비례하고, 그 노동의 생산력에 반비례하여 변동합니다.

노동생산성이 증대하면 어떤 사용가치를 생산하는데 드는 노동시간이 그만큼 줄어듭니다. 동일한 노동시간에 생산하는 사용가치 양은 늘어나고요. 가치 크기는 하락

---

3 흔히 반대로 '생산성이 증대하면 더 많은 가치(부가가치)가 생산된다'는 식으로 말하죠. 이를 정확하게 풀이하면, 생산성이 증대하면 상품 가치가 하락하므로 가격을 낮추어 시장에서 더 많이 판매할 수 있다는 의미입니다.

합니다. 생산성 증대로 사용가치가 두 배가 되면 가치는 반으로 줄어드는 거죠. 노동생산성과 가치 크기는 반비례합니다.

그런데 생산자의 생산성이나 생산 조건은 일률적이지 않습니다. 가령 신형 기계를 사용하는 공장과 구형 기계나 도구를 사용하는 공장이 서로 다르고, 숙련 노동자와 초보 노동자가 서로 다릅니다. 그래서 이를 반영한 사회적 기준이 있어야 하는 거죠. 그걸 '사회적 필요노동시간'이라고 합니다. 한 사회의 일정 시점에서 정상적인 생산 조건과 평균적인 노동 숙련도, 노동강도를 기준으로 생산에 필요한 노동시간입니다. 사회적 필요노동시간은 물론 계속 변화합니다.

탁자 한 개의 사회적 필요노동시간이 네 시간이라고 가정하죠. 탁자 공장들에 새로운 기계가 도입되어 노동생산성이 두 배가 되었다면, 탁자 한 개 생산의 사회적 필요노동시간은 두 시간으로 줄겠죠. 그런데 한 공장만 새로운 기계를 도입하지 못했습니다. 이제 이 공장에서 생산하는 탁자는 네 시간 노동 중 두 시간만 가치를 인정받게 됩니다. 다른 공장은 두 시간 만에 만드는 걸 네 시간이나 걸려 만든다면, 이 공장은 경쟁에서 버티기 어려울 겁니다.[4]

지출된 노동이 가치로 인정받지 못하는 또 다른 경우는 과잉생산이 일어날 때입니다. 생산 단계에선 지출된 노동이 사회적 필요노동에 부합할지 안 할지 정확하게 알 방법이 없습니다. 물론 생산자는 나름대로 시장 상황을 분석하고 낙관적인 판단이 섰을 때 생산을 진행하겠지만, 같은 판단으로 동종 상품을 생산하는 경쟁자가 예상보다 훨씬 더 많을 가능성은 언제나 있습니다.

지출된 노동이 사회적 필요노동에 부합하여 가치로 인정받는가는 판매를 통해 비로소 정확히 밝혀집니다. 모든 생산자는 생산물이 적절한 가격으로 판매되길 갈망합니다. 여기서 생산물이 적절한 가격으로 판매된다는 건 정확히 이런 의미죠. 생산물에 지출된 노동이 사회적 필요노동으로(사회적 분업 체계의 일부로) 인정되었다는, 가치로 인정받았다는 것 말입니다.

사회가 물질적 재생산을 이룬다는 건 생산자들의 노

---

4 산업혁명으로 전례 없는 생산성 향상을 이룬 영국 랭커셔주 면공업이 세계 시장을 석권한 일이 전형적 사례입니다. 예전의 생산방식에 머물던 영국의 베틀공이나 인도의 의류 제조업에서 노동시간은 대부분 사회적 필요노동시간으로 인정받을 수 없게 되어버렸죠.

동이 사회적 분업 체계 속에서 사회적 노동이 된다는 의미입니다. 자본주의 이전 사회에선 노동 배분의 공동체 질서가 있었고, 개별 노동은 직접적으로 사회적 노동이었습니다. 하지만 생산이 무계획적으로 이루어지는 자본주의 사회에서 개별 노동은 직접적으로 사회적 노동이 될 수 없습니다. 생산자들은 모든 생산물을 상품으로 교환하는 '상품생산' 방식으로 사회적 분업을 성립시키니까요.

따라서 생산자들은 가능한 한 유리한 교환 비율을 가진 상품을 생산하려고 합니다. 너무나 당연한 말이지만 자본주의에서 필요한 재화를 얻는 방법은 상품 교환뿐이고, 유리한 교환 비율을 가질수록 더 많은 상품을 얻을 수 있습니다. 현재 생산 부문이 불리한 교환 비율을 가질 때 생산자는 당연히 더 유리한 교환 비율을 기대할 수 있는 생산 부문으로 옮겨 가는 속성을 갖습니다. 교환 비율이 불리한가 유리한가를 판단하는 기준은 가치, 즉 생산물에 투하한 추상적 노동의 양입니다.

한 생산 부문에 수요보다 공급이 부족하면 어떻게 될까요? 교환가치(가격)는 가치보다 높아지고, 투하한 노동은 그 양보다 높게 평가됩니다. 자연히 생산자들은 그 부문으로 옮겨 가고 노동이 유입하게 되겠죠. 수요보다 공급이 과다하면 반대의 상황이 일어납니다. 교환가치(가격)는 가치보다 낮아지고 투입한 노동이 그 양보다 낮게 평가되는 거죠. 또 생산자들이 다른 생산 부문으로 옮겨 가고 노동은 유출하게 됩니다. 생산자의 생산 부문 이동은 지극히 사적인 행동이지만, 사회적으로는 총 노동의 배분이 변화하는 일입니다. 이렇게 상품의 교환가치는 상품생산에 투하된 추상적 노동량, 즉 가치를 중심으로 변동하는 운동을 쉼없이 계속합니다.

이러한 내용을 곧 '가치법칙'[5]이라고 합니다. 경제학이 '시장 원리'나 '보이지 않는 손' 같은 말로 신비화하는 자본주의 재생산 메커니즘을 해명한 것이 바로 가치법칙이죠. 우리는 가치법칙을 통해 자본주의에서 상품 교환이 노동의 사회적 배분과 별개일 수 없음을 알게 됩니다. 신자유주의 이후 금융 부문이 비대해지고 투기화하여 '돈이 돈

---

5 이 책에서 '법칙'은 기계적 의미가 아닙니다. 자본주의는 역사적으로 변화하고 사회적으로도 다른 양상을 보입니다. 그러나 공통으로 갖는 일반적 법칙이 있습니다. 일반적 법칙으로 자본주의의 모든 양상을 직접 해명할 순 없지만, 모든 양상을 (특히 우리가 살아가는 자본주의 현실을) 제대로 분석하려면 일반적 법칙을 알아야만 합니다.

을 만들어내는' 상황이 되자, 경제가 실물 부문과 별개로도 돌아간다는 생각이 번지기도 했습니다. 그리고 2008년 어느 날, 모든 게 무너졌죠. 경제엔 물질적 재생산과 노동의 사회적 배분이라는 뼈대가 있고, 제아무리 큰 거품을 만들어도 결국 어느 순간엔 뼈대가 드러나기 마련이니까요. '버블 붕괴'니 '금융 위기'니 하는 것들 말입니다.

가치법칙은 자본주의 재생산의 일반적 메커니즘을 해명하기 위해 현실의 조건과 변수를 추상화한 겁니다. 경제학에서 '시장의 자기조절 능력' '보이지 않는 손' 따위로 신비화하는 메커니즘의 실체를 분석하고 해명한 거죠. 만일 가치법칙이 현실에서 언제나 관철된다면 자본주의는 별문제 없는 체제라 할 수 있습니다. 하지만 실제 현실에서 가치로부터 가격의 괴리는 충분히 수렴되지 않고 계속 누적됩니다. 자본주의 사회에서는 필연적으로 생산 과잉 등의 문제가 일어나고, 결국 주기적으로 공황으로 터집니다. 공황을 통해, 누적된 문제들이 해소되기도 하고요. 가치법칙이 현실에서 온전히 관철되는 건 시장이 아니라 공황을 통해서라고 할 수 있겠는데요. 이 문제는 공황을 다룰 때 더 자세히 살펴봅시다.

04

노동가치론의 진실

상품 가치가 노동이며, 가치 크기는 노동량(노동 지속 시간)이라 보는 견해를 '노동가치론'이라고 합니다. 오늘날 주류 경제학은 '한계효용론'이라는 걸 채택하고 있지만, 노동가치론의 시작은 오히려 주류 경제학의 시조인 애덤 스미스나 데이비드 리카도 같은 고전파 경제학자들에게서 찾을 수 있습니다.

고전파 경제학자들은 상품을 생산하려면 노동이 필요한데, 노동은 개인이 편하고 자유롭게 보낼 수 있는 시간을 희생한 노고와 수고이므로 노동이 곧 상품의 가치라고 생각했습니다. 이러한 생각은 널리 받아들여졌고 마르크스도 그걸 기반으로 경제학 연구를 시작했지요. 그러나 마르크스의 노동가치론은 고전파의 노동가치론과 목적과 내용이 전혀 다릅니다. 마르크스는 개별 상품의 가치가 노동이라는 걸 말하려던 게 아니라, 자본주의가 물질적 재생산을 이루는 메커니즘을 해명하려고 한 것이죠. 노동 배분의 공동체 질서가 없는 자본주의가 어떻게 사회적 노동 배분을 이루는가를 말입니다.

고전파 경제학자들은 상품 가치가 노동임을 파악했지만, 그것을 자본주의 사회의 물질적 재생산이라는 맥락에서 생각하진 못했습니다. 그들은 자본주의에서 왜 노동 생산물이 상품 형태를 가져야만 하는지, 왜 노동이 가치와 교환가치로 표현되는지 해명할 수 없었죠.

마르크스의 노동가치론이 새롭게 정립됨으로써, 자연스럽게 주류 경제학은 노동가치론을 포기하게 됩니다(주류 경제학이 마르크스의 노동가치론을 제대로 이해했다는 의미는 아닙니다). 그러고는 1870년 즈음 칼 멩거, 윌리엄 제번스, 레옹 발라 등을 필두로 해 '한계효용론'으로 선회하지요. '신고전파'의 시작인 겁니다.

노동가치론이 주류 가치론일 때도, 상품 가치가 효용이라고 보는 필요노동이 있었습니다. 한계효용론은 기존의 효용가치론에 한계 이론을 결합한 것인데요. 여기서 한

계란 '추가'를 의미합니다. 한계효용이란 재화 한 단위를 추가로 소비했을 때 얻는 총 효용의 증가분이며, 이를 상품의 가치로 보는 가치론이 한계효용론입니다.

효용은 사용가치와 혼동되기도 하지만 전혀 다릅니다. 사용가치는 상품체가 가진 (객관적) 속성입니다. 반면에 효용은 상품에 대해 그것을 사용하는 사람이 갖는 (주관적) 만족도 내지는 욕구 충족도입니다. 한계효용이란 효용이 한 개의 상품과 한 명의 사람 사이에서조차 시간과 조건에 따라 변화함을 의미합니다. 그런데 이것이 어떻게 가치론이 될 수 있을까요. 상품들이 서로 일정한 교환가치를 갖는 건 가치라는 공통 요소로 비교되기 때문인데, 효용은 주관적인 것이므로 상품들끼리 비교할 수도 계측할 수도 없습니다. 한계효용론은 상품 가치의 실체를 말하는 게 아니라, 반대로 상품 가치의 실체는 말할 수 없다는 견해입니다. 상품 가격은 가치의 표현이라는 생각을 접고, 그저 상품 가격이 곧 상품 가치라고 말하는 거죠. 주류 경제학이 노동가치론에서 한계효용론으로 선회했다는 건, 정확하게 말하면 주류 경제학이 가치론을 포기하고 가격론만 남았다는 뜻입니다.

주류 경제학의 설명은 물론 다릅니다. 이 과정을 오

히려 '한계 혁명'이라 자찬하며, 노동가치론을 넘어선 것이라고 말합니다. 경제학에 관심이 있다면 '가치의 역설'을 한 번쯤 들어봤을 겁니다. 대략 이런 이야기입니다.

> 애덤 스미스는《국부론》에서 물은 효용이 어떤 재화보다도 많은데도 공짜이고, 다이아몬드는 생활에서 효용이 매우 적은데도 비싸다는 가치의 역설에 부딪혔다. 이 역설은 드디어 100여 년 후 한계효용학파를 통해 해명된다. 물은 효용은 많아도 흔하지만, 다이아몬드는 매우 희소하므로 한계효용이 훨씬 높아 가치도 훨씬 높은 것이다. 애덤 스미스는 무덤에서 기쁨의 눈물을 흘렸을 것이다.

그러나《국부론》에서 애덤 스미스가 물과 다이아몬드를 비교한 건 오히려 상품 가치가 노동임을 말하기 위해서였습니다. 효용이 많은 물보다 효용이 적은 다이아몬드가 비싼 이유는, 물은 노동 없이도 얻을 수 있지만 다이아몬드는 많은 노동을 통해 얻기 때문이라는 거죠. 애덤 스미스의 주장은 오늘날 ('생수'라는 이름의 상품으로 팔리는) 물에도 들어맞습니다. 생수가 애덤 스미스 시대의 물과 달리

가치를 갖는 이유는, 적지 않은 노동이 들어가 있기 때문입니다. '가치의 역설'은 명백한 고전의 왜곡이지만, 멀쩡히 책에도 실리고 언론 지면에도 반복적으로 등장합니다.

'경제학'이라는 이름도 신고전파에 의해 시작된 말입니다. 근대 경제학은 영국과 프랑스를 중심으로 생겨났는데 본디 이름이 '정치경제학'이었습니다. 국민국가 차원의 경제를 다룬다는 의미와, 경제는 정치와 분리될 수 없다는 의미를 담은 이름이죠. 1890년 앨프리드 마셜은 본인 저서에서, 정치경제학의 '정치'를 떼고 '경제학'이라는 이름을 사용합니다.

정치경제학이 전 사회적인 차원에서 부가 생산되고 분배되는 메커니즘에 주된 관심이 있었다면, 경제학은 개인을 출발점으로 삼습니다. 여기엔 개인의 효용 극대화가 곧 사회 전체의 복지 극대화라는 공리주의 사상이 깔려 있죠. 정치경제학이 경제학이 되면서, 경제학은 사회적 관계나 역사 같은 것과 무관한, 그래프와 수식으로 치장한 분과 학문이 된 것입니다. 이후 지금까지도 경제학이라는 이름이 일반적으로 사용되고 있고요.[1]

신고전파 경제학은 마르크스가 말한 '속류 경제학 vulgar economics'을 잇고 있는 셈입니다. 마르크스가 애덤 스미스나 리카도는 고전파라 지칭하면서, 세이, 바스티아, 맥컬록 같은 이들을 속류라 경멸한 이유는 그들이 가격의 토대인 가치는 접어두고 가치의 현상 형태인 가격의 운동만 좇음으로써 학문의 과학성을 포기했다고 보았기 때문입니다. 경제학이 가치를 폐기하니, 잉여가치도 함께 폐기됨으로써 무턱대고 자본주의 체제를 옹호하는 속류 학문이 되어버렸다는 의미인 거죠.

주류 경제학이 가치를 접고 가격 현상만 좇는 건 분명한 사실입니다. 자본주의의 구조와 작동법칙은 주류 경제학의 연구 대상이 아닙니다. 주류 경제학의 연구 대상은 시장 시스템의 표면, 수요-공급을 기반으로 한 시장 현상과 그 인과관계들이죠. 만날 국내총생산GDP, 금리, 주가지수, 물가 상승률, 경제성장률, 무역통계 등을 말하면서 그게 만들어지고 변화하는 원인은 말하지 않는 거죠.

주류 경제학은 '시장의 자기조정 능력'을 말하지만, 시장 시스템이 나름의 자기조정을 하는 구조와 메커니즘

---

1 오늘날엔 정치경제학이라고 하면 마르크스주의 경제학을 가리키기도 합니다. 《자본》의 부제가 '정치경제학 비판'임을 생각하면 묘한 상황입니다.

은 신비화합니다. 그저 수요-공급만 말하죠. 가치법칙에서 확인했듯, 시장의 자기조절은 단순히 수요-공급 관계가 아니라, 가치를 중심으로 한 가격 변동과 사회적 노동 배분의 차원에서 작동합니다. 그리고 이 조절 능력은 어디까지나 현실의 변수를 사상한 추상적 수준에서 존재하며, 실제 현실에서는 괴리와 모순이 누적되어 결국 주기적 경제 위기와 공황이라는 대대적 청산 과정을 통해 가까스로 유지됩니다.

주류 경제학은 자본주의 경제체제를 역사 속의 여러 경제체제 중 하나로 보는 게 아니라, 인류 최후의 경제체제로 전제합니다. 과학적 학문의 기본은 모든 연구 대상에 객관적 관점을 갖는 것입니다. 특정 대상을 절대화하면 그건 이미 학문이 아니죠. 주류 경제학은 경제학이라기보다는 '자본주의 호교론'에 가깝다고 할 수 있습니다. 주류 경제학이 '주류'인 결정적 이유이기도 하죠.

마르크스의 노동가치론에 대한 오해는 일반적인 편입니다. '어떻게 노동만이 상품 가치인가. 노동과 함께 자본가의 상상력, 기업가 정신, 혁신, 인적자본, 관리기술 등 여러 요소가 상품 가치를 이룬다'는 식의 이야기죠. 마르크스의 노동가치론은 노동생산물만이 상품이라는 (혹은 노동생산물이 아닌 건 상품이 아니라는) 주장이 아니라, '노동생산물로서 상품'을 대상으로 하는 이론입니다. 노동 배분의 공동체 질서가 없는 자본주의에서 생산자들은 의식하진 않지만 생산물에 들어간 추상적 노동의 크기를 기준으로 노동의 사회적 배분을 이룬다는 것입니다. 이때 추상적 노동을 '가치'라고 부르는 거고요.

노동이 응고되어 있진 않지만, 즉 가치가 없지만 일정한 교환가치를 갖고 상품 형태로 시장에서 거래되는 것들이 있습니다. 가령 개간되지 않은 토지 같은 것 말입니다. 이것의 가격은 이것을 배타적으로 소유했을 때 기대할 수 있는 소득으로(정확히 말하면, 소득을 일반 이자율로 나눈 것으로) 결정됩니다. 수많은 노동자가 애써 생산한 상품과 비교할 수 없는 거액에 거래되어 많은 사람을 허탈하게 하기도 하죠. 이것은 분명 시장에서 상품 형태를 갖지만, 마르크스 노동가치론 대상으로서의 상품은 아닙니다.

고가에 거래되는 회화 작품은 어떤가요. 개간되지 않은 토지와 달리 작품에는 작가의 노동이 깃들어 있습니다. 그러나 이 또한 마르크스의 노동가치론이 대상으로 하는 상품은 아닙니다. 우선 작품의 가격은 작가의 노동량과 무관합니다. 짧은 시간에 완성한 작품이 오랜 시간이 걸린 작품보다 미술 시장에서 비싼 가격에 매매된다고 해서 불공정하다고 말하진 않습니다. 마르크스의 노동가치론은 사회 총 노동의 배분을 분석하는 걸 목적으로 하며, 여러 개를 반복적으로 생산하는 상품에서의 노동을 대상으로 합니다. 회화 작품은 한 점만 존재하며, 그 가격은 노동시간이 아니라 유일한 작품에 대한 독점적 소장가입니다.

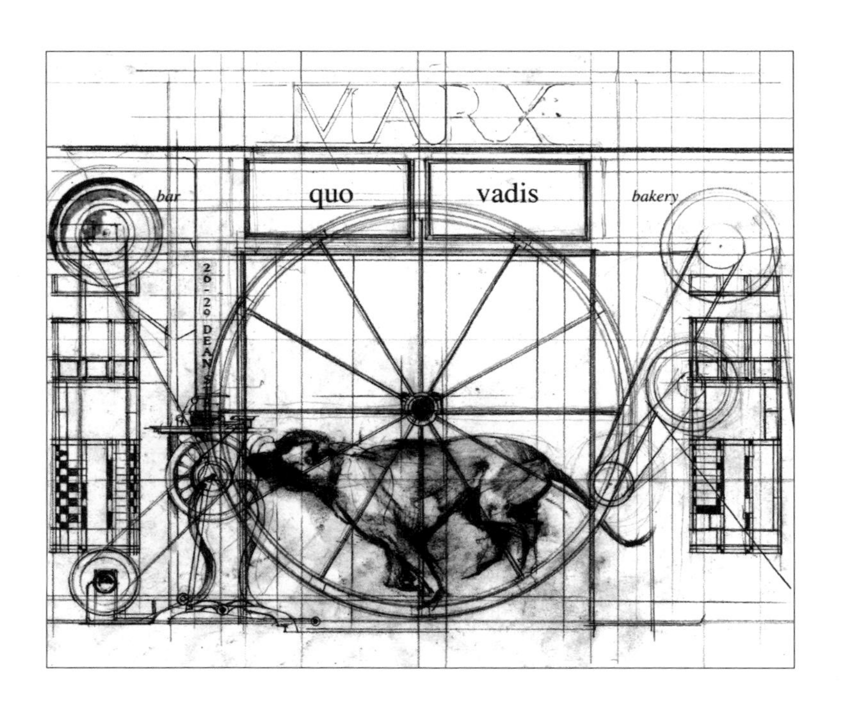
MARX
bar
quo
vadis
bakery
26 - 29 DEAN ST

05

화폐의 비밀

상품은 그 자체로 사용가치이나 스스로 가치를 표현하진 못합니다. 구매한 상품을 열심히 들여다봐도 추상적 노동량이 보이지 않습니다. 상품은 교환가치로, 다른 상품의 사용가치의 일정량으로 가치를 표현합니다. 교환가치의 완성 형태가 화폐입니다. 상품의 가치는 화폐로, 즉 가격으로 표현됩니다. 그런데 이 상황은 현실에서 오히려 화폐의 신비한 능력처럼 나타납니다. 게다가 오늘날 화폐는 금태환이 안 되는 불환 지폐라서 화폐가 어떻게 생겨났는지 그 발생사가 거의 지워져 있는 데다, 화폐가 어떻게 이런 기능을 수행하게 되었는지가 더욱 신비화합니다. 그래서 화폐의 발생사를 살펴보고 화폐의 본질을 파악하는 건 매우 중요한 일입니다. 그러지 않고는 현대 자본주의의 매우 중요한 현상인 인플레이션도 이해할 수 없습니다.

일반적으로 화폐는 '교환과 거래를 편리하게 하는 믿을 수 있는 수단'으로 정의됩니다. 그러나 자본주의에서 화폐는 그 이상의 의미를 갖습니다. 화폐는 자본주의에서 생산되는 수많은 상품의 가치를 그들 이마에 가격표로 붙여줍니다. 그래서 개별 상품이 전체 상품 세계의 일원이 되고, 모든 상품이 서로 마주 서게끔 합니다. 화폐가 없다면 자본주의는 성립할 수 없습니다.

가치형태가 화폐로 발전하는 과정을 네 단계로 살펴봅시다.

1단계: 단순한 가치형태

한 상품의 가치를 한 상품이 개별적으로 표현합니다.

20킬로그램의 쌀 = 한 장의 셔츠

이 등식은 두 개의 상품에 들어 있는 다른 유용노동이 공통의 추상적 인간 노동으로 환원되고 있음을 나타냅니다. 20킬로그램의 쌀과 셔츠 한 장에는 동일한 양의 노동이 응고되어 대상화되어 있는 거죠.

쌀은 셔츠를 통해 자신의 가치를 표현합니다. 셔츠는 쌀의 가치를 거울로 비추듯 표현해줍니다. 이때 쌀은 '상대적 가치형태'에 있습니다. 자신의 가치를 스스로 표현하는 게 아니라 다른 상품과 비교를 통해 상대적으로 표현한다는 뜻입니다. 반면 셔츠는 '등가형태'에 있습니다. 쌀의 가치를 물체화한 등가물 역할을 한다는 뜻입니다.

여기서 쌀은 직접적으로 사용가치이고, 셔츠는 단지 교환가치인 거죠. 쉽게 말하면, 20킬로그램의 쌀에 '한 장의 셔츠'라는 가격표가 붙어 있는 겁니다. 셔츠 한 장을 가진 사람은 원한다면 언제든 쌀 20킬로그램과 교환할 수 있습니다. 셔츠는 '직접적 교환 가능성'을 갖습니다. 그러나 쌀을 가진 사람은 상황이 다릅니다. 셔츠 한 장을 가진 사람이 쌀과 교환을 원할 때만 셔츠를 얻을 수 있습니다.

한 장의 셔츠 = 20킬로그램의 쌀

좌우변이 바뀌면 둘의 역할도 바뀝니다. 셔츠가 '상대적 가치형태'에, 쌀은 '등가형태'에 있습니다.

2단계: 전개된 가치형태

한 상품의 가치를 여러 상품이 표현합니다.

20킬로그램의 쌀 =

한 장의 셔츠

30리터의 등유

50개의 라면

0.5그램의 금

50킬로그램의 철

(…)

여러 상품이 쌀의 가치를 표현하는 등가형태에 있습니다. 쌀은 전체 상품 세계와 마주 서고요. 이 단계에서 상품의 가치가 사용가치와는 무관하다는 게 분명히 드러납니다. '단순한 가치형태'는 두 상품이 개별적으로 교환되므로, 양적 관계(한 장의 셔츠와 20킬로그램의 쌀 등)는 우연이거나 일정한 게 아닐 수도 있습니다. 이제 양적 관계는 일정합니다.

3단계: 일반적 가치형태

한 상품이 여러 상품의 가치를 표현하는 일반적 등가물입니다.

한 장의 셔츠
30리터의 등유
50개의 라면
0.5그램의 금
50킬로그램의 철
(…)
= 20킬로그램의 쌀

전개된 가치형태의 좌우변을 바꾸면, 일반적 가치형태가 됩니다. 상품 소유자가 시장에 상품을 내놓는 이유는 자신에게 사용가치가 있는 상품을 갖기 위해서죠. 상품 소유자의 관점에서 제 상품은 다른 모든 상품의 일반적 등가물입니다. 그러나 그건 다른 상품 소유자들도 마찬가지라서, 실제로는 어떤 상품도 일반적 등가물이 될 수 없습니다.

상품 소유자들은 이 난처한 상태를 넘어서기 위해,

한 개의 특별한 상품을 선출합니다. 농업이 중심인 사회라면 곡식이나 옷감 같은 것이고, 어떤 곳에선 짐승 가죽일 수도 있겠죠. 선출된 상품은 일반적 등가물로 통용됩니다. 모든 상품의 가치가 일반적 등가물인 한 상품으로 단순하게, 통일적으로 표현되는 겁니다. 이제 가치는 개별 상품에 내재한 속성이 아니라, 교환으로 나타나는 사회적인 것임이 분명히 드러납니다. 일반적 등가형태를 통해 모든 상품은 전체 상품 세계의 일원이 됩니다. 모든 개별적 노동이 사회 총 노동의 일부가 된다는 의미이기도 하죠.

4단계: 화폐 형태

일반적 등가물이 화폐로 통일됩니다.

20킬로그램의 쌀
한 장의 셔츠
30리터의 등유
50개의 라면
50킬로그램의 철
(…)
= 0.5그램의 금(혹은 2파운드, 2달러 등등)

"바지 한 장은 금 2온스다."

"볼펜 20자루는 금 2온스다."

"티셔츠 두 벌은 금 2온스다."

(…)

가치형태의 완성인 화폐 형태입니다. 상품 교환이 발달하고 확대되면서 일반적 등가물은 그 기능을 수행하기에 적합한 상품으로 귀결합니다. 변질되지 않아야 하고, 휴대하거나 운반하기 좋고, 정확하게 나누거나 합칠 수 있어야 하는 등의 조건에 가장 합치하는 상품은 어느 사회에서나 비슷했습니다. 금, 그다음으로 은이죠. 금과 은이 보편적 상품화폐(화폐 역할을 하는 상품)가 됩니다.

화폐의 가치는 다른 모든 상품과 마찬가지로 그것의 생산을 위해 요구되는 사회적 필요노동시간입니다. 화폐의 가치가 표현되는 방법도 동일한 양의 노동시간이 응고되어 있는 다른 모든 상품의 양입니다.[1]

---

1 현재 통용되는 불환 은행권은 이런 내재적 가치가 없습니다. 그래서 발생하는 인플레이션 등의 문제들에 대해 뒤에서 살펴볼 겁니다.

영국의 파운드화를 비롯하여 많은 사회에서 화폐의 명칭은 금, 은의 계량 단위 명칭이기도 합니다. 대한민국 수표엔 '금 000원'이라고 적혀 있습니다. 적힌 액수만큼의 금이라는 뜻이죠. '금융'이라는 말도 금의 유통이라는 뜻이고요. 은행이 금행이 아닌 이유는, 중국과 아시아에선 역사적으로 상품화폐가 금보다 은이 더 일반적이었기 때문입니다.

뒤에서 살펴보겠지만, 현재의 화폐는 이런 상품화폐가 아닙니다. 아무런 내재적 가치 없이 국가의 강제 통용력만 가지는 불환화폐니까요. 그렇다 보니 화폐는 처음부터 국가가 발행한 것으로 오해되기 쉽습니다. 가치형태의 발전 과정을 살펴봤지만, 상품 교환이 발달하고 확대되면서 상품 중에 일반적 등가물이 나오고 금·은이 화폐로 등장하는 과정은 자연스럽게 일어납니다. 국가는 그저 그 주조 형태와 명칭을 만들었을 뿐이죠.

노동생산물들이 상품이 되려면, 가치로서 서로를 비교하며 상품 세계의 일원으로서 관계 맺으려면, 화폐라는 일반적 등가물로 표현되어야만 합니다. 화폐 없는 자본주의는 성립하지 않습니다. 이 말이 종종 화폐만 없애면 자본주의를 극복할 수 있다는 의미로 오해되기도 하는데요.

아나키즘의 원조라 불리는 프루동은 개인의 자유를 지키기 위해서 시장과 상품생산은 유지하되, 화폐를 없애고 '노동증서'를 사용할 것을 제안했습니다. 그러나 상품생산이 지속되는 한 화폐는 존재합니다. 화폐 대신 노동증서를 사용한다면, 화폐가 없어지는 게 아니라 노동증서가 화폐가 될 뿐이죠. 프루동의 오해는 오늘날 대안 경제를 말하는 사람들에게서도 종종 엿볼 수 있습니다.

화폐는 물물교환과 달리 판매와 구매를 절단합니다. 화폐가 있으면 언제든 원하는 상품을 구매할 수 있죠. 그러나 생산자가 제 생산물을 상품으로 판매해 화폐가 생겼다고 해서 반드시 그만큼의 다른 상품을 구매해야 하는 건 아닙니다. 필요한 상품이 있더라도, 시장 상황 등을 고려하여 구매를 보류할 수도 있습니다. 시장 상황은 개별 생산자의 사정을 넘어서는 사회적인 경향이므로 구매 보류는 확산될 수도 있습니다. 유통 흐름이 끊기고 연쇄 확산이 일어나면 공황으로 이어질 수도 있겠죠(공황의 직접적인 원인이 과잉생산, 과잉축적에 있다는 걸 뒤에서 살펴보게 됩니다). 그러나 화폐가 없다면, 판매와 구매의 분리가 없다면, 공황은 있을 수 없습니다.

상품 가치의 실체는 추상적 노동입니다. 그러므로 가

치의 표현인 화폐는 다른 사람의 노동에 대한 청구권이 되는 셈이죠. 내가 5만 원짜리 상품을 산다는 건, 다른 사람의 노동을 5만 원만큼 청구한 겁니다. 이 사실은 자본주의 사회에서 화폐 축장자 즉 부자를 이전 사회의 노예주나 귀족과 같이 만들어줍니다. 이전 사회의 인격적 예속 관계를 자본주의에선 화폐 관계가 대신하는 거죠. 이처럼 자본주의 사회에서 사람들이 부자가 되고 싶어 하는 데는 타인에 대한 지배 욕구가 들어 있다고 할 수 있습니다. 또한 오래 살고 싶어 하는 욕구라고 할 수도 있겠죠. 노동 청구권은 다른 사람의 시간을 내 시간으로 만들어주기 때문입니다. 다른 사람의 노동에 대한 청구권은 없고, 내 노동에 대한 피청구 의무만 지는 빈자는 이전 사회의 노예나 농노와 다를 바 없는 것도 사실입니다.

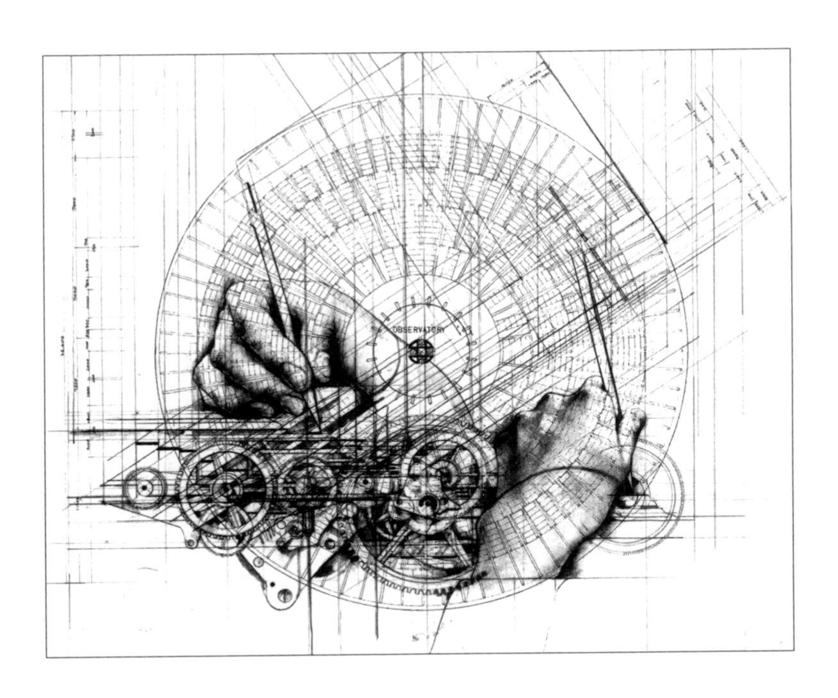
OBSERVATORY

06

물신 세계

'상품생산'이라는 자본주의 재생산 방식은 특별하고 치명적인 현상을 수반합니다. 인간이 자신이 생산한 사물들에 지배되며, 인간의 사회관계가 사물들의 사회관계에 종속되는 거죠. 마르크스는 이 현상에 '상품 물신성'이라는 이름을 붙였습니다. 하지만 상품 물신성은 마르크스가 살던 시대보다 현대 자본주의에서 훨씬 더 본격화합니다.

자본주의 사회에서 살아가는 일은 상품 교환 행위의 무한 반복입니다. 대다수 사람은 매일 제 노동력 상품을 판매하여 생활을 유지하죠. 인간이 사회적으로 서로 연결되는 것도 상품 교환을 통해서고요. 즉 인간은 직접적이고 인격적인 관계가 아니라 상품과 상품 사이의 관계를 통해

서로 연결됩니다. 물론 교환하고 거래하며 계약서에 사인을 하는 건 인간이지만, 그 주체는 상품화한 사물들입니다. 인간들의 관계에서 우애나 위엄 같은 것은 사물들의 관계의 룰에 비해 부차적인 것이 됩니다. 적정한 교환 비율, 등가교환의 원칙, 계약 준수 같은 것들이죠. 진짜 사회적 관계를 맺고 마주 서 있는 건 인간들이 아니라 사물들입니다. 인간은 단지 상품의 대변자로서, 상품 소유자, 화폐 소유자, 자본가, 임금노동자, 갑과 을 등 경제적 관계들의 인격화로서 존재합니다.

왜 이런 일이 일어나는 걸까요. 상품생산 사회는 상품에 들어간 추상적 노동, 즉 가치를 기준으로 사회적 노동 배분을 이루고 사회적 분업을 성립합니다. 상품 가치는 사회적 총 노동에서 그 상품생산에 소비된 부분입니다. 가치는 상품체의 속성이 아니라, 인간이 상품 교환을 통해 사회적 분업을 성립하기 위해 상품에 부여한 사회적 속성입니다. 즉 가치는 인간의 사회적 관계입니다. 하지만 자본주의에서 살아가는 인간에게 상품의 가치는 상품체의 속성으로만 보입니다. 그로 인해 사물들은 인격과 힘을 가진 존재로 자립합니다. 이 전도 현상이 바로 '상품 물신성'입니다.

상품 물신성은 화폐에서 더욱 뚜렷하게 나타납니다. 화폐는 상품생산 사회에서 모든 상품의 가치를 일반적으로 표현하기 위해 선발된 상품입니다. 그러나 인간에게 이러한 화폐의 기능은 화폐 자체의 속성으로만 보입니다. 모든 상품이 가치를 한 상품으로 표현하기 때문에 그 상품이 화폐인 건데, 거꾸로 그게 화폐이기 때문에 모든 상품의 가치를 표현하는(표현하는 힘을 갖는) 것으로 보이는 겁니다.

화폐는 가치형태가 몇 차례 전개 과정을 거쳐 완성된 것입니다. 그러나 화폐에 그 전개 과정이나 발생사는 흔적도 남아 있지 않습니다. 화폐로서 그 성질을 처음부터 지닌 것처럼 보입니다. 모든 상품의 효용에는 한계가 있습니다. 오로지 화폐만 효용에 한계가 없습니다. 또한 현재의 효용을 넘어, 언제든 무엇이든 교환할 수 있는 미래의 효용에 대한 가능성이자 보증입니다. 이 특별한 효용은 화폐 물신성을 더욱 강력하게 만듭니다. 또한 화폐 물신성은 상품 물신성을 볼 수 있고 만질 수 있게 해줍니다. 화폐는 만능의 힘을 가진 마법의 물건으로서, 화폐 물신으로서 인간 앞에 군림하게 됩니다.

화폐는 애초에 금이었고, 이어 금보관증 같은 것이었

습니다. 국가들은 보유한 금의 양만큼 화폐를 발행하는 금본위제를 유지했습니다. 화폐로 언제든 해당하는 양의 금과 바꿀 수 있었죠. 금본위제가 무너진 후 현재의 화폐는 국가의 강제 통용력으로 기능할 뿐 아무런 내재적 가치가 없는 종잇조각입니다. 그럼에도 화폐 물신성은 여전한데 화폐가 금이든 종잇조각이든, 모든 상품의 유일한 일반적 등가물이라는 데서 나오기 때문입니다. 화폐를 노려보면서 '이건 우리의 노동을 배분하고 사회를 유지하기 위한 약속일 뿐이야'라고 생각한다고 해서 화폐 물신성이 사라지진 않습니다. 모든 상품의 유일한 일반적 등가물이라는 화폐의 기능은 우리의 인정 여부와 무관하게 유지되기 때문입니다. 쉽게 말해서, 화폐 없이 생활할 수 있는 사람은 없죠.

비인간화, 소외, 배금주의, 물질만능주의 따위 이른바 자본주의적 병리 현상이라 일컫는 것들은 대체로 상품 물신성 현상을 이르죠. 그런데 이런 이야기에는 그런 현상이 일어나는 구조적 원인이 빠져 있습니다. 정신적·심리적 차원으로만 여겨집니다. 그래서 해결 방법도 단지 허위의식을 벗고 참된 의식을 가지는 일이 되죠.

상품 물신성에 빠지는 일은 자본주의 사회의 어떤 병

증에 빠지는 일이 아니라, 상품생산 사회에서 살아가는 일 자체입니다. 예의 병리현상에 대응하는 정신적 노력은 물론 의미 있는 것입니다. 인간 행동은 정신에서 시작되니까요. 문제는 정신적 노력 자체가 아니라 상품 물신성 현상의 원인을 보지 못하는 것에 있습니다. '공유와 협동' '우애와 환대' 같은 훌륭한 구호들이 대체로 중산층 인텔리끼리의 지적 유희에 머무는 이유도 그것입니다. 그런 구호는 사람들이 구호의 내용에 해당하는 행동을 하지 않는 원인이 그들의 의지라는 전제에서만 유의미합니다. 반대로 살 수밖에 없도록 강제하는 외부적 원인이 있다면 그런 구호는 소용없을뿐더러 부당하죠.

상품 가치가 인간의 사회적 관계임을 보지 못하고 상품체의 속성이라 보는 일은 자본주의에서 살아가는 사람에게 착시도 착각도 아닌, 오히려 객관적이고 합리적인 일입니다. 경제를 이야기할 때 그 본질과 구조는 제쳐두고, 시장 현상과 그 인과관계 같은 껍질만 보는 것도 상품 물신성에 완전히 사로잡힌 것이지만 대부분의 사람에게 상식적인 경제(학)적 관점이죠.

상품 물신성은 자본주의 사회에서 살아가는 사람들의 자유로운 소비와 향유를 통해, 억압이나 통제보다 훨씬 더 강력하게 행동의 동일성을 만들어냅니다. 개별적 자아를 가진 개인은 발견하기 어렵습니다. 인생의 다양한 가치들은 상품 가치로 표현되고 결국 재구성되기 때문입니다. 개인의 개성과 취향은 '다른 가격의' 상품들로 표현됩니다.

상품 물신성은 상품생산 사회, 자본주의 사회에서만 나타납니다. 다른 사회에서 노동은 사용가치를 만드는 유용노동으로서 나타날 뿐, 추상적 인간 노동이 가치로 환원될 이유가 없습니다. 이를테면 봉건제 사회에서 농노는 영주에게 노동생산물을 수탈당했습니다. 이때 생산자와 수탈자의 사회적 관계는 직접적이며 인격적입니다. 수탈되는 생산물이 누구의 노동의 결과인가는, 생산자 본인도 수탈자도 뚜렷하게 알고 있습니다. 노동생산물이 제 힘으로 자립하거나, 노동생산물의 사회적 관계가 인간의 사회관계를 대체하는 일 같은 건 없습니다.

이 사실은 자본주의 사회에서도 상품 물신성이 다 같진 않을 수 있다는 의미이기도 합니다. 상품 물신성은 그 사회의 상품화 수준에 비례합니다. 생활에 필요한 모든 게 상품인 사회에선 일부가 상품인 사회보다 상품 물신성이 심하게 나타나는 거죠.

상품 물신성이 상대적으로 덜한 사회는 크게 둘이라

볼 수 있습니다. 하나는 이전 사회의 습속이 많이 남아 있는 사회입니다. 개인의 기본 생활이 가족이나 공동체의 문제로 여겨지는 경향이 있다면 상품화 수준도 낮고, 따라서 상품 물신성도 덜하겠죠. 또 하나는 반대로 우리가 사회보장제도라 부르는 이후 사회의 요소(혹은 사회주의적 요소)가 많이 도입된 사회입니다. 교육, 의료, 주거 등 생활의 가장 필수적인 부문이 덜 상품화되어 있다면, 상품 물신성도 덜할 수밖에요.

상품 물신성을 이해하지 못할 때, 그런 사회들은 사회 성원들의 의식 상태를 반영한 것으로만 보입니다. 전자는 이웃 간의 정이 남아 있는 사회, 후자는 성숙한 시민 의식으로 사회적 합의를 이룬 사회로 묘사되곤 하죠. 사실은 상품 물신성을 일정하게 억지하는 경제 구조가 사람들의 의식과 태도로 반영되고 있는 건데도 말입니다.

경제 구조가 사회 성원의 의식과 행동을 기계적으로 찍어내는 건 결코 아닙니다. 그러나 경제 구조는 사회 성원의 의식과 행동에 일정한 경향성을 만들어냅니다. 특히 자본주의 사회는 인간의 삶에서 경제 영역이 차지하는 비중이 그 어느 사회와도 비교할 수 없을 만큼 과잉된 사회라 매우 강력한 경향성을 양산합니다.

신자유주의 세계화는 상품 물신성의 전 지구적 확산과 심화를 가져왔습니다. 한국은 속도와 강도가 유례없이 빨라 극단적 물신 사회가 된 사례입니다. 한국은 세계 신자유주의 초기까지 국가 주도 자본주의 상태에 있다가, 1997년 이른바 구제금융 사태를 기점으로 글로벌 자본의 요구에 맞춘 경제 개혁을 급속하게 진행하면서 사회 성원의 생활 전반이 빈틈없이 상품화합니다. 한국은 구제금융 사태를 잘 극복해, 선진국이자 부자 나라가 되었다고 평가받습니다. 그러나 실 내용은 세계에서 가장 높은 자살률과 낮은 출생률을 보이는 지극히 고단하고 불안하며 우울한 사회입니다.

신자유주의는 자본주의의 정상적이지 않은 상태, 사악하고 나쁜 상태로 이해되곤 합니다. 그래서 신자유주의에 반대한다는 건 정상적 자본주의의 회복을 의미하는 경우가 많죠. 그러나 신자유주의야말로 자본주의 본연의 상태, 억지 요소들을 말끔하게 정리하고 상품 물신성이 만개한 순정 자본주의라고 할 수 있습니다.

QUO VADIS
LONDON

07

평등을 삼킨 공정

평등은 모든 사람이 기계적으로 똑같은 상태에 있다는 의미가 아니라, 모든 사람이 인간으로서 존엄을 유지할 권리가 있다는 의미일 겁니다. 우리는 인간이 평등하다는 근거를 주로 윤리적 당위나 철학적 차원에서 찾습니다. 하지만 인간 평등의 명백한 근거는 실제 현실에 있습니다. 우리가 살아가는 사회가 사회적 분업을 통해 재생산을 유지한다는 사실 말입니다. 이는 재화든 서비스든 사회 성원이 살아가는 데 필요한 모든 것은 사회적 분업을 통해 생산되며 (인간의 필요를 충족하는 한)[1] 모든 노동은 서로 의존하고 돕는 관계에 있다는 걸 뜻합니다. 제아무리 특출한 사람도 다른 많은 사람의 다양한 노동들에 의존하지 않고는

단 하루도 정상적인 생활을 유지할 수 없습니다. 인간은 제 노동으로 다른 사람들을 돕고, 다른 사람들의 노동에 의존해 살아갑니다. 그러므로 모든 노동은 평등하며, 모든 노동이 평등하므로 모든 인간은 평등합니다.

자본주의 이전 사회에서 사람들은 이러한 '노동의 자명한 사실'을 자각할 수 없었습니다. 노동하는 사람들과 그들 덕에 노동하지 않고 살아가는 사람들이 신분으로 정해져 있고, 내가 수행하는 노동이 내 의지와 무관하게 아버지로부터 대물림되는 사회였습니다. 내가 수행하는 노동을 다른 여러 노동 중 하나로 대상화하거나 객관적으로 고찰하는 건 불가능했죠. 노동 배분의 봉건적 질서가 해체되고 근대사회가 열렸을 때, 개인들이 제 노동을 선택할 권리를 가지게 되었을 때 사람들은 비로소 '노동엔 귀천이 없다'고 말할 수 있게 됩니다.

하지만 그런 자각은 실제 현실로 구현되진 않습니다. 사람들은 근대인으로서 노동엔 귀천이 없다고 말하며, 자

---

1 현대 자본주의엔 투기 금융이나 가공 자본 부문에서처럼 인간의 필요 충족이 아니라 인간과 사회에 기생하는 노동 아닌 노동들도 많죠.

본주의의 성원으로서 노동에 귀천이 있음을 인정하게 됩니다. 자본주의 사회는 왜 노동의 자명한 사실을 또 한번 뒤틀어버렸을까요. 크게 두 가지 이유가 있습니다. 하나는 자본주의 사회에서 노동은 노동자 본인의 의지로 수행되지 않는다는 겁니다. 노동은 생산수단을 독점한 소수가 노동력을 판매하여 살아가는 다수를 제 의지대로 부리는 방식으로 수행됩니다. 또 하나는 상품생산이라는 자본주의적 노동 배분 방식이 노동 차등을 만들어냅니다.

자본주의는 모든 노동생산물을 상품 가치로서 비교하여 교환하는 방식으로 노동 배분과 물질적 재생산을 이룹니다. 상품 가치는 다른 질과 형태를 갖는 유용노동들을 동등한 인간 노동으로 환원한 추상적 인간 노동입니다. 자본주의적 재생산은 인간 노동의 동등성을 전제로 성립합니다.[2]

그런데 노동 동등성을 전제하는 가치는 '노동 평등'이 아니라 '노동 차등'을 만들어냅니다. 모든 노동이 평등하다는 건 너무나 당연하게도 생산의 목적이 인간의 필요

2 추상적 인간 노동은 인종, 성별, 출신 배경 같은 노동자의 정체성 역시 동일한 인간 노동으로 환원합니다. 만일 백인이 생산할 때와 흑인이 생산할 때 상품 가치가 다르다면 상품생산 사회는 성립할 수 없죠.

충족이고, 모든 노동이 서로 돕는 관계에 있기 때문입니다. 그런데 자본주의는 독특하게도 생산의 목적이 인간의 필요 충족이 아니라 자본의 이윤 축적에 있습니다(경제학이 '필요와 공급'이 아니라 '수요와 공급'을 말하는 이유이기도 하죠). 그래서 자본주의에서 노동은 생산하는 가치 크기에 따라 차등화하고, 노동은 서로 돕고 의존하는 관계가 아니라 서로 경쟁하는 관계에 있습니다.

크게 나누어 전문적인 훈련이나 교육, 숙련이 필요한 '복잡 노동'은 평균적인 사람이면 어렵지 않게 할 수 있는 '단순 노동'보다 더 많은 가치를 생산합니다. 그 차이는 노동력 가치의 격차, 즉 임금과 소득 격차로 표현됩니다. 이 격차를 흔히 '능력'이라고 표현합니다. 본디 능력이란 '차이'에 관한 개념입니다. 다양한 노동들이 서로 의존하고 돕는 관계에 있다는 건, 사람들이 저마다 가진 능력들을 발휘한다는 의미이기도 합니다. 하지만 자본주의 사회에서 능력은 그저 임금과 (계급을 불문한) 소득의 격차입니다. 이것은 어떤 망상도, 허위 의식도 아닙니다. 자본주의 사회에서 생활하는 방법은 상품 교환뿐이고, 화폐를 얼마나 가졌느냐가 생활수준을 결정하는 건 분명하니까요.

이렇게 인간이 사회적 노동 배분을 위해 생산물에 부

여한 가치는, 거꾸로 인간 차등을 만들어냅니다. 노동 차등은 자본주의 초기엔 그리 불거지지 않았지만 자본주의 발전에 따라, 유용노동의 종류가 늘어남에 따라 심화하는 양상을 보여왔습니다.

지난 몇 해 동안 인류는 팬데믹 사태로 큰 고통을 겪었습니다. 사람들은 그 덕에 돌봄, 가사, 운송, 청소 같은 평소 대수롭지 않게 여긴 노동들이 제 삶을 이어나가게 해주는 '필수 노동'이라는 사실을 새삼 깨달을 수 있었습니다. 하지만 필수 노동이 존중받는 사회로 변화가 이어진 건 아닙니다. 사람들의 깨달음이 거짓이어서가 아니라, 자본주의에서 노동 존중은 임금과 소득으로만 이루어지기 때문입니다.

노동 차등은 인간 차등을 낳고 평등을 삭제합니다. 자본주의는 모든 인간이 평등한 사회라는 겉모습과 불평등한 사회라는 실체의 괴리를 은폐하는 장치를 가집니다. 바로 '공정fairness'입니다. 평등이 사회적 분업에 근거한 인간의 정의라면, 공정은 상품 교환 원칙에 근거한 물신의 정의입니다. 자본주의 사회에서 인간이 사회적 관계를 맺을 때, 인간 사이의 인격적 관계는 상품 교환(거래와 계약)의 원칙과 룰에 종속합니다. 상품 교환의 원칙과 룰을 준수하는 한, 즉 공정한 한, 그 관계가 설사 인간성에 반하고 착취적인 면이 있다 해도 정의를 위배하지 않습니다.

반면에 상품 교환의 원칙과 룰을 벗어난 모든 것, 즉 공정하지 않은 모든 것은 정의를 위배합니다. '자유경쟁의 결과를 조작하는' 사회보장제도가 그렇고, 정규직 시험을 통과하지 않은 비정규직 노동자의 정규직화가 그렇습니다. 모든 인간은 품위를 유지할 수 있는 수준으로 생활할 권리가 있다든가, 괜찮은 일자리를 가질 권리가 있다는 이야기는 굳이 누구에게도 반박되지 않아도 현실에서는 엄격하게 반박됩니다. 공정은 그렇게 평등을 삼킵니다. 사람들은 불공정한 상황에 분노하고 항의하지만, 그럴수록 평등은 더 멀어져갑니다.

노동자는 계급 격차만큼이나 계급 내의 계층 격차를 갈수록 더 체감하면서, '능력'을 둘러싼 항구적 경쟁 상태에 머물게 됩니다. 노동력 가격은 교육 과정을 통해 가장 많이 결정되므로, 교육은 인간으로서 성장이 아니라 상품으로서 성장을 목표로 하게 됩니다. 아이들은 갈수록 더 어린 나이에 경쟁을 시작합니다. 교육 경쟁에서 '출발점의 격차'에 주목하는 견해들이 있습니다. 부유하고 교육 여건이 풍족한 아이와 그 반대의 처지에 있는 아이가 자유롭게 경쟁한다는 건 말이 안 된다는 거죠. 그런데 공정한 경쟁이란 본디 그런 것입니다. 헤비급 선수와 플라이급 선수가 링에 올라 '같은 룰로 공정하게' 싸우는 일이죠. '기회의 평등이 있던 시절'을 그리워하는 사람들도 있습니다. 가령 예전 한국 사회에선 명문대 입학생의 상당수가 지방의 가난한 집 출신이어서, 계층 변동이 이루어졌다는 겁니다. 하지만 그것은 한국 자본주의가 급속한 산업화와 성장을 이루면서 일시적으로 나타난 사회적 유동성일 뿐입니다

출발점의 격차를 줄이려는 노력은 의미 있는 것입니다. 그러나 출발점은 어디까지나 경쟁의 출발점이라는 사실에서 근본적인 한계가 있습니다. 모든 노동이 돕는 관계에 있기 때문에 사회가 유지된다는 사실은 부정하고 모든 노동이 경쟁하는 관계에 있다는 전제하의 출발점인 거죠. 평등은 출발점의 격차를 줄이는 노력이 아니라 출발점을 없애려는 노력에 닿아 있습니다.

요즘 들어 공정은 '능력주의meritocracy'라는 말로 표현되곤 합니다. 귀족의 지배aristocracy나 인민의 지배democracy에 빗대어 만들어진 말로 '실력 있는 사람의 지배'라고 옮길 수 있습니다. 1940년대에 영국과 미국의 엘리트 교육계에서 처음 사용했는데, 말 자체는 신분이나 출

신 배경이 아니라 개인적 자질과 성취로 엘리트를 결정한다는 걸 뜻합니다.

그러나 실제 현실에서 능력주의는 교육 경쟁의 결과를 가장 결정적인 요인인 '조건의 산물'이 아니라 '개인 됨됨이의 산물'로 보이게 해주는 데 사용되고, 결국 조건의 세습을 합리화합니다. 능력주의의 시작이 대공황을 거쳐 국가와 결합한 독점자본 체제가 성립한 시기와 일치하는 건 결코 우연이 아닐 겁니다. 능력주의는 새로운 자본주의 귀족 이데올로기인 거죠.

능력주의의 기만은 자본주의적 정의, 즉 공정의 어떤 막장을 보여줍니다. 자본주의의 사상적 틀로서 자유주의는 시장 경쟁이야말로 자본주의가 평등한 사회라는 근거라 말합니다. 모든 인간은 경제주체로서 시장에서 자유롭게 경쟁하며, 경쟁의 결과는 누구도 알 수 없다(경쟁의 결과는 조건과 일치되지 않는다)는 거죠. 그런데 오늘날 능력주의는 경쟁의 결과를 조건과 일치시켜줍니다.[3]

---

3 막장의 한 사례로서 (한국의 20대 대통령 윤석열 씨가 가장 존경하는 자유주의자라 밝힌) 밀턴 프리드먼은 부모의 재능을 물려받는 걸 부당하다고 하지 않듯 부모의 부를 물려받는 걸 부당하다고 할 수 없다고 말합니다.

08

M-C-M′

자본주의 사회의 특징으로 사유재산 제도와 이익 추구를 말하기도 합니다. 사유재산과 이익 추구가 자본주의에서 전면화한 건 사실이지만, 이전 사회에서 없었던 건 아닙니다. 자본주의의 더 분명하고 고유한 특징은 '자본 운동'입니다. 이 운동이 자본주의 사회의 동력이며 이 사회를 지배하는 원리입니다.

자본이 무엇인지부터 살펴보겠습니다. 자본은 물론 화폐입니다. 그런데 화폐가 다 자본인 건 아닙니다. 화폐는 자본이 될 수도 있고 화폐에 머물 수도 있습니다. 화폐는 어떻게 자본이 될까요. 상품유통(상품 교환)의 가장 단순한 형태부터 살펴봅니다.

C–M–C

(C: Commodity 상품, M: Money 화폐)

생산자는 자신이 생산한 상품을 판매하여 얻은 화폐로 필요한 상품을 구매합니다. 이 유통 형태는 '구매를 위한 판매'라고 요약할 수 있습니다.[1] 이 유통의 뒷부분(M–C), 화폐로 다른 상품을 구매하는 일은 어려울 게 없습니다. 그러나 앞부분(C–M), 상품을 판매하는 일은 다릅니다. 화폐가 있다면 무슨 상품이든 구매할 수 있지만, 내 상품이 판매되려면 수요가 있어야 합니다. 사회의 물질적 재생산 차원에서 말하면, 내 상품에 들어간 사적 노동이 사회적 필요노동으로 인정되어야(사회적 분업의 요소로 인정되어야) 합니다. 이것은 사후적으로만 알 수 있습니다.

단순한 상품유통에서 화폐는 단지 교환을 매개하는 수단입니다. 화폐는 상품으로 전환되어 사용가치로 소비됨으로써 구매자로부터 사라집니다. 단순한 상품유통에

1 한국의 예전 농민들은 생산한 농작물을 팔러 장에 나가는 걸 '돈 사러 간다'라고 표현하기도 했습니다. 농작물로 돈을 사서 자신에게 필요한 물품을 구매한다는 이야기죠. 유통 상황을 정확히 인식하며, 화폐를 상품으로 본다는 점이 인상적입니다.

서 화폐를 증식하려면 어떻게 해야 할까요. 판매하되 구매는 적게 하는 겁니다. 구두쇠와 수전노의 방식이죠. 그러나 이 방법으로 화폐 증식은 한계가 있습니다. 등가교환을 어기고 비싸게 파는 방법은 어떨까요. 5만 원짜리를 6만 원에 팔면 1만 원의 이익을 볼 수 있죠. 그런데 1만 원의 이익을 봤다는 건 상대방이 1만 원의 손해를 봤다는 겁니다. 사회 전체로 볼 때 새로 생겨난 가치는 없습니다. 가치는 자리를 옮겨 갔을 뿐입니다. 단순한 상품유통이 전부라면 자본주의는 그냥 '시장경제'라고만 불러도 충분할 겁니다.

M−C−M′(M+⊿M)

화폐−상품−증가된 화폐

이게 화폐가 자본이 되는, 자본의 유통 형태입니다. 단순한 상품유통을 '구매를 위한 판매'라 요약한다면, 이건 '판매를 위한 구매'라 요약할 수 있습니다. 단순한 상품유통은 상품으로 시작하여 상품으로 끝납니다. 두 가지 다른 사용가치를 교환함으로써 사회가 물질대사를 이루는 겁니다. 그런데 자본의 유통은 시작도 끝도 화폐입니다.

다만 크기가 다릅니다. 처음에 투입한 화폐보다 더 많은 화폐가 생겨납니다. M-C-M이 아니라 M-C-M′ 입니다. M과 M′ 의 차이, 그 증가분(⊿M)을 '잉여가치'라고 합니다.

단순한 상품유통에서 화폐는 단지 교환을 매개했지만, 여기에서 화폐는 스스로 증식합니다. 단순한 상품유통은 필요한 상품을 구매함으로써 일회적으로 끝납니다. 여기에선 잉여가치의 일부를 사용하여 과정을 다시 반복할 수 있습니다. 가치는 유통 속에서 자신을 증식시키고 나와 그 일부가 다시 유통에 들어가는 순환 운동을 반복합니다. 끝없이 자신을 증식하는 가치, 이게 바로 '자본'입니다.

자본 운동은 구두쇠나 수전노의 화폐 증식과는 비교할 수 없을 만큼 효율적입니다. 자본가는 잉여가치의 일부를 다시 자본으로 투입할 뿐 아니라, 은행 대출 등 신용까지 동원하여 투입합니다. 자본의 증식 운동엔 한도도 한계도 없습니다. 100억 원은 1,000억 원보다 작고 1,000억 원은 1조 원보다 작고 1조 원은 10조 원보다 작을 뿐입니다.

그런데 M은 어떻게 M′이 될까요? 상품 교환의 원칙은 '등가교환'입니다. 이 원칙을 어긴 교환은 절도에 해당합니다. 서로 교환되는 상품은 동일한 가치 크기이며, 상품 가격은 가치 크기를 적합하게 표현해야 합니다. 자본가는 이 원칙대로, 상품을 가치대로 구매해 가치대로 판매해야 합니다. 그러면서도 과정의 끝에 가서는 처음 던져 넣은 것보다 더 큰 가치를 끌어내야만 합니다.

M-C-M′에서 앞부분(M-C, 구매)과 뒷부분(C-M, 판매)은 등가교환의 원칙에 따라 가치 증대는 없습니다. 가치 증대는 둘 사이에서, 즉 C 안에서 일어난다는 이야기입니다. 전통적인 산업자본가의 경우로 살펴보죠. 자본가가 상품을 생산하려면 우선 원료나 기계, 공장, 사무실 같은 것들이 필요합니다. 이걸 '생산수단'이라고 합니다. 그리고 '노동력'이 필요합니다. 자본가는 생산수단과 노동력이라는 두 가지 상품을 구매합니다.

자본가가 구매하는 건 '노동'이 아니라 '노동력'이라는 걸 기억해야 합니다. 노동력은 노동을 수행할 수 있는 인간의 능력이고, 노동은 노동력의 사용입니다. 세탁기를 구매하는 게 세탁을 구매하는 게 아니며, 구매한 세탁기의 사용이 곧 세탁인 것처럼요. 세탁기를 사놓고 사용을 안 하면 세탁도 없습니다. 물론 노동력 구매는 세탁기 구매처럼 인간 전체를 구매하는 건 아니죠. 인간 전체를 구매하는 건 노예 구매죠. 노동력 구매는 노동자의 노동력을 일

정 시간 동안 사용할 권리를 구매하는 겁니다.[2]

자본가는 생산수단과 노동력을 구매하여 생산을 진행합니다. 생산 과정에서 생산수단의 가치는 가치 그대로 생산한 상품으로 이전합니다. 원료는 사용된 가치만큼, 상품 가치의 일부가 됩니다. 기계나 도구는 마모된 만큼 가치가 상품으로 이전합니다. 볼펜 1만 개를 만들 수 있는 100만 원짜리 기계를 생각해보죠. 기계의 가치는 볼펜 한 개를 생산할 때마다 100원씩 상품으로 이전합니다. 생산수단의 가치는 생산 과정에서 변화가 없습니다. 그래서 생산수단에 투하된 자본을 '불변자본'이라고 합니다.

결국 가치 증대는 노동력에서 일어난다는 말이 됩니다. 노동력은 어떻게 교환의 원칙을 준수하면서도 구매한 비용보다 더 많은 가치를 만들어낼까요.

자본가가 한 시간에 1만 원 가치를 생산하는 노동자를 하루 임금 4만 원으로 고용했습니다. 노동자를 두 시간 노동하게 하면 어떻게 되나요. 그가 생산한 가치의 두 배를 임금으로 주는 것입니다. 네 시간 노동하게 하면 어떻

---

2 노동력과 노동의 구분은 고전파 노동가치론과 마르크스 노동가치론의 결정적 차이이기도 합니다.

게 되나요. 그가 생산한 가치를 모두 임금으로 주는 것입니다. 두 경우 모두 자본가는 굳이 노동자를 고용해 생산을 진행할 이유가 없겠죠. 이번엔 여덟 시간 노동하게 하면 어떤가요. 그가 생산한 가치의 절반만 임금으로 주는 것입니다. 노동자는 임금보다 두 배의 가치를 생산했습니다. 이게 노동력에 투하된 자본이 가치를 증대하는 방식입니다. 노동력에 투하된 자본의 가치는 생산 과정에서 변화합니다. 그래서 노동력에 투하된 자본을 '가변자본'이라고 합니다.[3]

참고로, 불변자본(노동 수단과 노동 대상)과 가변자본은, 경제학에서 말하는 고정 자본이나 유동 자본과는 다른 개념입니다. 노동 수단 구매에 투하한 자본을 고정 자본, 노동력 구매에 투하한 자본을 유동 자본이라고 하는데요. 불변자본과 가변자본은 가치 증식의 관점에서 자본을 구별한 것입니다. 고정 자본과 유동 자본은 단지 투하한 자본 가치의 회수라는, 유통 과정에서 자본의 형태상의 차이만

---

3 생산수단도 노동생산물입니다. 과거의 노동(마르크스의 표현으로 '죽은 노동')의 생산물이죠. 현재의 노동, 산 노동만이 가치를 창출합니다.

말하는 거죠.

상품 가치 = 이전된 생산수단의 가치
+ 노동에 의해 창출된 가치

노동자는 생산수단의 가치(c)를 새로운 생산물에 이전시키며, 동시에 새로운 가치(v+s)를 부가합니다. 그래서 새로운 생산물의 가치는 c+v+s가 됩니다.

노동자는 유용노동과 추상적 노동을 동시에 수행합니다. 노동 과정에서 보면, 노동자는 유용노동으로 생산수단의 가치를 새로운 생산물로 이전시키고 보존합니다. 가치증식 과정에서 보면, 노동자는 추상적 노동으로 노동 대상에 새로운 가치를 부가합니다.

앞의 노동자는 여덟 시간 노동 중 네 시간은 노동력 가치(v)를 생산하고, 나머지 네 시간은 잉여가치(s)를 생산합니다. 바꿔 말하면, 여덟 시간 노동 중 네 시간은 노동자 자신을 위해, 나머지 네 시간은 자본가를 위해 수행됩니다. 전자를 자신의 필요를 위한 노동이라는 의미에서 '필요노동'(혹은 임금이 지불되는 노동시간이라는 의미에서 '지불노동')이라고 합니다. 후자는 '잉여노동'(혹은 임금이 지불되지 않는 노동이라는 의미에서 '부불노동')이라고 합니다.

노동 = 필요노동(지불노동) + 잉여노동(부불노동)

잉여가치는 노동자가 노동을 통해 생산한 가치에서 노동력의 가치(임금)를 뺀 것입니다.

잉여가치 = 노동을 통해 생산한 가치
- 노동력의 가치(임금)

잉여노동이 잉여가치를 만들고, 자본가는 잉여가치에서 이윤을 획득합니다. 이게 바로 마르크스가 말한 자본주의의 '착취'입니다. 착취라는 말은 어감이 좋지 않고 윤리적 차원의 느낌을 주기 때문에, 내용을 정확히 하는 게 좋습니다. 착취는 노동자의 노동이 만들어낸 가치가 노동력의 가치(임금)보다 크다는 사실을 말할 뿐입니다. 그리고 자본가 관점에서 이건 당연한 것입니다. 만일 노동자가 만들어낸 가치만큼 임금을 준다면, 자본가가 노동자를 고용할 이유가 없겠죠.

노동자의 노동이 만들어낸 가치가 노동력의 가치(임

금)보다 크다는 점에 주목해, 자본가가 노동자의 '정당한 몫'을 빼앗는다고 보거나, 상품 교환의 법칙을 어긴 부등가 교환이라고 생각할 수도 있습니다. 그러나 앞서 강조한 대로, 자본가가 구매한 건 노동이 아니라 노동력입니다. 노동자가 제 노동력을 노동력 가격으로 판매하고, 자본가가 노동력을 노동력 가격으로 구매하는 건 온전한 등가교환이죠.

하지만 자본가는 구매한 노동력으로 이익을 보지 않느냐, 반문할 수도 있습니다. 모든 상품의 사용가치는 구매자의 것입니다. 이를테면 땅을 시세대로 팔았는데, 얼마 후 대규모 개발 계획이 발표되어 가격이 엄청나게 올랐다고 합시다. 판매자는 물론 속이 무척 상하겠지만 구매자에게 항의하거나 보상을 요구할 순 없습니다. 자본가와 노동자의 교환도 마찬가지입니다. 자본가가 구매한 노동력 상품의 사용가치는 전적으로 자본가의 것입니다. 자본가가 노동력 상품을 사용하여 이익을 보고, 심지어 이익이 특별하더라도 판매자인 노동자와는 무관한 일입니다. 문제는 교환 과정이 아니라, 노동력이 상품이라는 사실 자체에 있을 뿐이죠.

그럼 착취가 등가교환의 원칙을 준수하니, 자본주의

체제엔 문제가 없는 건가요. 아니, 오히려 그래서 체제의 문제인 겁니다. 등가교환은 상품 교환의 원칙이므로, 만일 착취가 등가교환을 어긴 거라면 자본주의 체제 안에서 해결 가능합니다. 실제로 모든 자본주의 국가에서 자본가와 노동자의 등가교환을 어긴 교환 행위(임금 체불, 최저임금에 못 미치는 임금 등)은 불법이며 처벌 대상입니다. 이런 행위에 항의하는 일은, 자본주의 체제에 대한 항의가 아니라 자본주의의 정상적 작동을 요구하는 일입니다.

착취의 사전적 의미는 "계급 사회에서, 생산수단의 소유자가 생산수단을 갖지 않은 직접 생산자로부터 그 노동의 성과를 무상으로 취득하는 일"입니다. 하지만 자본주의 사회의 착취는 이전 사회들과 전혀 다릅니다. 폭력이나 인격적 강제 같은 경제 외적 관계가 아니라, 등가교환의 원칙에 입각한 자유로운 계약과 교환이라는 경제적 관계 내에서 이루어집니다. 이 착취는 자본주의하에서 합리적이고 합법적입니다. 바로 그래서 '착취 없는 사회'는 자본주의가 아닌 다른 사회체제를 의미하게 됩니다.

우리는 전통적인 공장 생산을 중심으로 착취를 살펴봤습니다. 하지만 현대 자본주의엔 마르크스 당시와는 다르게, 물질적 생산 못지않게 비물질적 서비스의 비중이 크죠. 이에 따라 생산적 노동과 비생산적 노동을 둘러싼 논란도 있습니다. 생산적 노동이란 우선 사용가치를 생산한다는 의미지만, 자본주의적 생산에서는 '잉여가치를 만들어낸다'는 뜻이죠. 잉여가치 획득이 자본주의 생산의 진정한 목적이니까요.

그런데 자본주의 생산에서 잉여가치는 은폐되어 있으며, 실제로 목표로 삼는 건 잉여가치가 아니라 이윤입니다. 그래서 생산적 노동은 이중의 의미를 가질 수 있습니다. 잉여가치를 생산한다는 의미에서는 물질적 재화를 생산하는 노동만 해당합니다. 가치와 잉여가치는 노동생산물과 분리해서 존재하는 것이 아니니까요. 여기에서 생산한 잉여가치가 서비스 노동, 금융 부문에서의 노동, 상인자본에서의 노동 등을 부양합니다.

그러나 이윤을 생산한다는 의미에서는 이런 노동들 역시 자본가에게 이윤을 만들어주므로 생산적입니다. 물질인가 비물질인가와 무관합니다. 이때 이윤은 물질적 생산 부문에서 생산된 잉여가치가 이윤이나 이자로 넘어온 것이지만, 여하튼 이윤이라는 점에선 다르지 않습니다. 사립학교 교사는 학교 자본가를 위해 이윤을 만드는 생산적 노동자입니다. 만일 그가 학교 자본가의 집에서 그의 아이를 가르치게 되었다면, 그는 비생산적 노동자입니다. 생산적 노동인가 비생산적 노동인가는 그 노동의 형태나 질이 아니라 사회적 관계에 달려 있습니다.

이렇게 생산적 노동은 이중적 의미를 갖지만, 둘이 대등한 관계에 있진 않습니다. 후자는 어디까지나 전자를 기반으로 존재하며, 전자에 의해 부양됩니다. 사회의 물질적 재생산 역시 전자의 맥락에 있죠. 이런 맥락에서 볼 때, 마르크스의 노동가치론은 공장으로 대변되는 물질적 노동에는 적용될 수 있지만 비물질적 서비스 노동이 차지하는 비중이 커진 현대 자본주의에는 맞지 않는다는 식의 이야기는 마르크스의 노동가치론에 대한 몰이해임을 알 수 있습니다.

경제학은 자본주의가 자본, 노동, 토지라는 생산의 3대 요소가 자유롭게 연합하여 생산 활동을 하며, 생산에 기여한 정도에 따라 이자, 임금, 지대의 형태로 분배가 이루어지는 시스템이라 말합니다. 이자는 화폐에서 나오고 지대는 토지에서 나온다는 거죠. 화폐나 토지는 가치가 열리는 나무라는 이야기일까요.

이자와 지대는 이윤과 마찬가지로 잉여노동에서 나옵니다. 자본가는 잉여노동이 만들어낸 잉여가치를 독차지하는 게 아닙니다. 화폐를 빌린 은행에 이자도 내고, 토지나 건물을 빌린 지주에게 지대도 냅니다. 잉여가치 중 이자와 지대를 뺀 나머지가 자본가의 이윤(기업가 이득)이 됩니다. 노동자의 잉여노동이 잉여가치를 만들고 잉여가치는 기업가 이득, 이자, 지대 형태로 각종 자본가들과 지주에게 분배되는 겁니다. 현대 기업에서 배당 이윤이나 사내유보금 같은 것들도 물론 마찬가지입니다.

임금은 '노동력의 가격'이지만, 현실에선 '노동의 가격'으로 나타납니다(그렇게 보입니다). 사전에도 "근로자가 노동의 대가로 받는 보수"라 적혀 있죠. 체불된 임금 지급을 요구한다든가, 법정 최저임금도 안 되는 임금에 항의하는 노동자들에게서도 '정당한 노동의 대가' 같은 표현을 쉽게 볼 수 있죠. 임금이 노동의 대가라면, 임금이 노동자가 노동으로 만들어낸 가치를 모두 지급하는 거라면 임금노동은 아예 없을 테지만요. '정당한 노동의 대가'를 요구하는 일은 실은 '정당한 착취'를 요구하는 일입니다.[4]

---

4 노동 계약에 명시된 임금을 제대로 지급한다거나 최저임금제와 같은 법을 어기지 않아야 한다는 의미에서, '정당한 노동력의 대가'(혹은 '정당한 노동력의 가격')라고 할 수는 있겠습니다. 사실 '정당한 노동의 대가'는 바로 그런 의미로 사용되곤 하죠.

임금이 노동의 대가라는 생각, '일정한 양의 노동에 대한 대가로 지불되는 일정한 양의 화폐'라는 생각이 일반적인 이유 중엔, 임금이 후불이라는 점도 큽니다. 제공된 노동에 대한 보상, 제공된 노동에 대한 지불이라는 생각을 자연스럽게 하게 되는 거죠. 덧붙여 노동시간에 따라 임금이 일정하게 증감한다는 것, 또 동일직의 임금에서 노동자 사이에 개인차가 있는 상황은, 제공된 노동의 양과 질에 따른 변화처럼 보이므로 임금이 노동의 가격이라는 생각을 고정관념으로 만듭니다.

'노동시장'이라는 말도 성립하지 않습니다. '노동력 시장'이 있을 뿐이죠. 노동은 시장에서 노동력 상품이 교환되어, 생산 과정에서 노동력의 소비로 발휘되는 것이니까요. 만일 노동시장이 있다면, 상품 교환 원칙에 따라 노동과 임금이 등가로 교환되니 잉여가치가 사라지고, 자본주의 생산도 불가능하게 됩니다.

임금이 노동의 대가라는 생각은 자본주의에서 살아가는 사람들의 의식 및 이데올로기의 토대입니다. 임금이 노동의 가격이면 자본주의에 착취는 없습니다. 노동이 필요노동과 잉여노동으로, 지불노동과 부불노동으로 분할되어 있다는 사실이 지워지고 모든 노동이 지불 노동이 됩니다. '무노동 무임금'이라는 자본의 단골 논리도 정당합니다. 임금은 노동력 상품의 판매 대가이면서 노동력 재생산 비용이므로 임금 크기는 노동자가 생산 과정에서 얼마나 기여했는가 이전에 이미 결정됩니다. 그러나 임금이 노동의 대가라면 임금 크기는 노동자가 생산 과정에서 얼마나 기여했느냐로 결정될 겁니다. 임금이라는 말 자체부터 자본주의 착취관계를 은폐하는 셈입니다.

일주일의 절반은 영주 직영지에서 노동하고 절반은 제 경작지에서 노동하던 농노는, 자신을 위한 필요노동과 영주를 위한 잉여노동을 공간적으로든 시간적으로든 명백하게 구분할 수 있었습니다. 노예제에서 노예는 어떤가요. 노예는 제 노동생산물 일부를 제 노동력 재생산을 위해 사용합니다(노예주는 노예가 다음 날에도 노동을 지속할 수 있도록 먹이고 재웁니다). 하지만 노예는 인격 전체가 노예주의 소유물이기 때문에, 자신의 생존을 위한 필요노동까지도 노예주를 위한 부불노동처럼 보입니다. 노예제에선 소유 관계가 노예 자신을 위한 필요노동을 은폐하고, 자본주의에서는 화폐 관계가 노동자의 자본가를 위한 잉여노동을 은폐합니다.

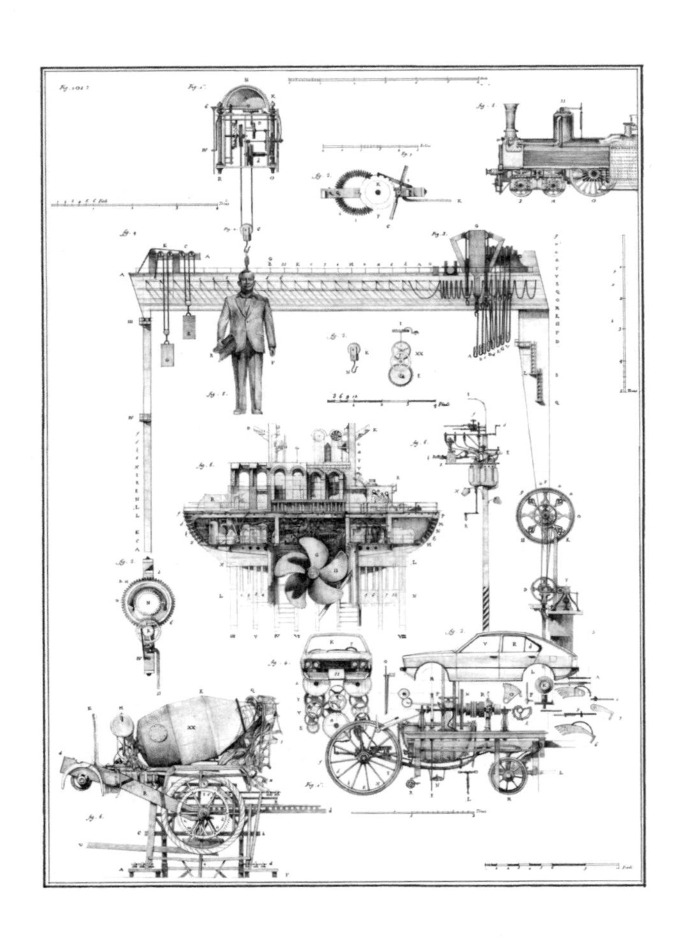

09

이윤율 늘리기

노동자는 생산수단의 가치(c)를 새로운 생산물에 이전시키며, 동시에 새로운 가치(v+s)를 부가합니다. 그래서 새로운 생산물의 가치는 c+v+s가 됩니다. 자본가가 생산수단과 노동력을 구입하여 생산을 진행하는 이유는 잉여가치(s)를 얻으려는 것입니다. 잉여가치를 가변자본, 즉 임금으로 나눈 게 잉여가치율입니다. 착취율이기도 합니다.

잉여가치율 = s/v (잉여가치/가변자본)

자본가는 잉여가치율을 높이려 최선을 다합니다. 그

러나 자본가는 불변자본과 가변자본을 구분할 줄도 모르고, 잉여가치가 가변자본이 증식한 거라는 걸 모릅니다. 그저 가변자본과 불변자본을 모두 더한 총 투하 자본이 증식한 결과라 생각하죠. 자본가의 관심은 잉여가치율이 아니라 이윤율입니다. 다시 말해서 그는 이윤율을 높이기 위해 최선을 다합니다.

$$p'(\text{이윤율}) = s/c + v \ [\text{잉여가치}/(\text{불변자본} + \text{가변자본})]$$

불변자본(c) 1억 원, 가변자본(v) 5,000만 원으로 생산을 진행하여 잉여가치(s) 5,000만 원을 얻는 경우를 생각해보죠. 생산물의 가치는 1억 원(c)+5,000만 원(v)+5,000만 원(s) 해서 2억 원입니다. 잉여가치율(s/v)은 100퍼센트(5,000만 원/5,000만 원)이죠. 이윤율은 33.3퍼센트(5,000만 원/1억 5,000만 원)입니다.

참고로 주류 경제학에서 노동분배율은 부가가치(가치생산물) 중에 임금 비율이긴 한데, 임금에 자본가나 경영진의 급여를 포함합니다. 그렇게 되면 잉여가치율(혹은 착취율)은 훨씬 축소되어 보이죠.

자본가가 이윤율을 늘리는 방법은 크게 셋입니다. 우

선 잉여가치율을 높이는 두 가지 방법으로 절대적 잉여가치의 생산과 상대적 잉여가치의 생산이 있습니다. 세 번째 방법은 상대적 잉여가치의 생산과 연관은 있지만, 그 자체로는 별개인 특별 잉여가치의 획득입니다.

첫째, '절대적 잉여가치 생산'은 말 그대로 노동시간을 늘려서 절대적인 잉여가치를 늘리는 방법입니다. 하루 여덟 시간을 노동하는데 필요노동이 네 시간, 잉여노동이 네 시간인 노동자가 있습니다. 임금은 똑같이 주면서 두 시간을 더 일하게 하면 어떻게 되나요. 필요노동은 그대로이고 잉여노동은 여섯 시간으로 늘어납니다.

우리는 흔히 자본주의 이전의 농민 혹은 자본주의 초기 노동자가 현대 노동자보다 훨씬 더 오래 노동했을 거라고 생각하지만, 이는 현대 노동자의 상황을 거꾸로 투영한 것입니다. 중세 영국 농민의 노동일(하루 노동시간)은 6~7시간 정도였고 산업혁명 이전 영국 노동자도 비슷했습니다. 노동일이 급격히 늘어난 건 산업혁명 시기인데, 자본가들이 절대적 잉여가치를 늘리는 데 혈안이 되었기 때문입니다. 영국 노동자의 노동일은 16시간에 이르러 생존 자체가 어려울 정도였죠. 노동자들이 노동조합을 조직하고 함께 투쟁하면서 노동시간을 제한하는 법이 만들어지게 됩니다.

오늘의 여덟 시간 노동일이 일반화한 건 20세기 들어서입니다. 1917년 소련은 세계 최초로 국가 법률로서 여덟 시간 노동제를 확립합니다. 1919년 국제노동기구ILO 제1회 총회에서 하루 여덟 시간, 주 48시간 노동제를 국제 노동기준으로 확립합니다. 하지만 이 기준이 현실에서 구현되는 데는 다시 많은 시간이 걸렸고 사회마다 차이도 컸습니다. 산업혁명이 완료되고 150년이 지난 1970년 한국 노동운동가 전태일이 활동할 당시 서울 봉제공장 노동자의 노동일은 16시간이었습니다. 분명한 사실은 여덟 시간 노동일은 노동자의 투쟁으로 쟁취되어왔다는 것, 투쟁은 지속되고 있다는 것입니다.

절대적 잉여가치를 얻기 위해 노동시간을 늘리려는 자본가의 의지 자체는 산업혁명 시기나 지금이나, 이른바 선진국에서나 후진국에서나 같습니다. 다만 그 의지를 실현하는 조건과 상황이 다를 뿐이죠. 하루 여덟 시간, 주 5일, 주 40시간 노동이 법으로 정착되었다면 노동시간을 늘리는 다른 방법들이 동원됩니다. 가령 2022년 기준 한국에서 노동시간은 법정 40시간, 연장근로 12시간으로 주 52시간을 넘기지 못하도록 되어 있습니다. 하지만 탄력

근로제, 선택근로제 등을 통해 주 64시간 노동이 가능합니다.

선진국의 노동조건이 상대적으로 나은 것은 무엇보다 그 사회의 이전 노동자들이 투쟁하고 피 흘린 성과죠. 그러나 그 사회에서도 자본가의 의지는 여전히 관철됩니다. 선진국에서도 비정규 불안정 노동자나 이주 노동자(특히 불법 체류 이주 노동자)는 임금이 낮은 건 물론, 끼어 죽고 빠져 죽고 떨어져 죽는 19세기나 다름없는 야만적인 상황을 겪게 됩니다. 선진국 기업의 후진국 사업장에서도 상황은 비슷합니다.

법정 노동시간이 제 기능을 하려면 그 시간 노동으로 노동력 재생산이 가능해야 합니다. 그렇다면 그 이상 노동은 선택의 문제일 수 있죠. 만일 모자란다면, 더 노동하지 않으면 안 된다면 연장노동이 기본이 될 수밖에 없으므로 법정 노동시간이란 단지 선전 목적일 뿐이죠.

둘째, '상대적 잉여가치 생산'은 필요노동시간과 잉여노동시간의 상대적 비례 관계를 바꿔서 잉여가치를 늘리는 방법입니다. 여덟 시간 노동에서 필요노동이 네 시간에서 두 시간으로 줄어든다면 잉여노동시간은 여섯 시간으로 늘어납니다. 필요노동시간은 어떻게 줄일 수 있을까요.

임금은 노동자가 생활을 유지하는 데 필요한 생활수단의 가치로 결정됩니다. 이보다 적으면 노동자는 노동을 지속하기 어려워지고, 많으면 노동하려 하지 않는 경향이 생기겠죠. 생활수단의 가치는 생활수단을 생산하는 사회적 필요노동시간에 의해 정해집니다. 생활수단의 생산에서 노동생산성이 높아져 사회적 필요노동시간이 줄어들면, 필요노동시간도 줄어들게 됩니다.

자본가는 가능한 한 높은 교환가치, 높은 가격으로 더 많은 이윤을 획득하는 걸 추구합니다. 하지만 동시에 자본가는 가격 경쟁에서 우위를 차지하기 위해, 노동생산력을 향상시켜 상품 가격을 저렴하게 만들려 노력합니다. 그 결과 생활수단 가치가 하락하고 노동력의 가격, 노동자 자체가 저렴하게 됩니다. 이게 상대적 잉여가치가 생산되는 메커니즘입니다.

현재 노동자의 생활수단은 종류가 매우 많지만, 한 덩어리라 가정해보죠. 생활수단을 생산하는 노동생산성이 두 배 높아져 네 시간에 생산하던 것을 두 시간에 생산하게 되었다면, 필요노동도 네 시간에서 두 시간으로 줄어듭니다. 저가의 생활수단 상품이 수입되어 생활수단의 물가가 낮아져도 같은 효과가 생깁니다. 미국 노동자의 임금은 지난 30여 년간 정체 상태지만, 대형마트의 중국산 저가 상품들이 그걸 벌충해왔습니다.

셋째, 기술 경쟁과 혁신을 통해 '특별 잉여가치'를 얻는 방법입니다. 자본가 A가 새로운 기계를 가장 먼저 도입하여 노동생산성이 두 배가 되었다면, 상품의 가치는 2분의 1이 됩니다. 경쟁하는 다른 자본가들은 아직 기존의 방식대로 생산하므로, 상품의 시장 가격은 유지됩니다. 자본가 A는 자신의 상품을 그 개별 가치의 두 배 가격으로 판매할 수 있는 거죠. 물론 잉여가치 감소에 처한 다른 자본가들이 지켜보고만 있진 않습니다. 이제 새로운 기계는 일반화하고, 시장 가격은 새로운 가치 수준으로 떨어지게 됩니다.

자본가 A는 새로운 기계를 도입한 시점부터 다른 자본가들에게 그 기계가 일반화하는 시점까지, 가치법칙을 벗어난 '특별 잉여가치'를 얻을 수 있습니다. 특별 잉여가치는 다른 자본가들의 잉여가치의 일부를 끌어모은 겁니다. 자본가들은 특별 잉여가치를 얻기 위해 새로운 기계 도입과 기술 개발, 혁신에 온 힘을 다합니다. 자본가들이 특별 잉여가치를 얻기 위해 경쟁하며 엎치락뒤치락하는 풍경은 자본주의의 일상입니다.

노동시간이 제한되고 절대적 잉여가치 늘리기가 전에 비해 어려워지면서, 자본가들은 상대적 잉여가치와 특별 잉여가치에 집중하게 되었습니다. 이는 자본주의가 그 어떤 시스템보다 빠른 생산력 발전을 보이는 주요한 이유이기도 합니다. 슘페터가 말한 '창조적 파괴'는 자본주의의 이런 속성에 대한 피상적 고찰이자 미화입니다. 기업가의 혁신 행위가 기존의 가치를 파괴하여 사회적 불균형을 초래하게 되면 기술 혁신을 넘어 사회 전체의 변화를 촉발하여 사회가 발전한다는 거죠.

자본주의의 이런 속성은 오랫동안, 특히 냉전 시기에 체제로서 우월함의 근거였습니다. 그러나 이젠 인류 위기의 원인으로 지목됩니다. 자본 축적운동과 생산력 발전은 지구가 감당할 수 있는 한계를 넘어버렸습니다.

하지만 상황이 모든 사회에 균등하진 않다는 사실을 잊지 않아야 합니다. 생산력이 지나치게 낮아 절대 빈곤이 만연한 사회들도 여전히 존재합니다. 이런 사회들은 당연히 기후 위기에 대한 책임이 작지만, 사회 인프라가 미비해서 피해와 고통은 훨씬 더 심각하게 나타납니다. 자본주의 생산력 발전은 인간 필요가 아니라 자본의 축적운동에서 일어나므로, 수요의 격차는 생산력 발전의 격차로 나타나죠.

코로나19 백신은 (그 효능에 대한 회의적 견해가 많지만, 여하튼) 놀랍게 빨리 개발된 반면, 직전의 코로나 사태인 2014년 메르스 백신은 아예 개발조차 안 되었죠. 환자 대부분이 구매 능력이 없는 가난한 중동 유목민이었기 때문입니다.

10

자본가의 영혼

자본은 자본주의 사회의 주인이지만, 스스로 다니거나 계약서에 사인하는 건 아닙니다. 자본 운동을 수행하는 인격적 담당자가 필요하죠. 그가 '자본가'입니다. 자본가는 단지 '돈 많은 사람'이 아닙니다. 아무리 돈이 많아도 자본 운동을 수행하지 않는다면 '자산가'일 뿐 자본가는 아닙니다. 한 번의 거래를 통한 이윤을 목적으로 투자하는 사람도 자본가가 아닙니다.

자본가는 획득한 잉여가치를 이전 사회 귀족들처럼 사치와 호화로운 생활에 소모해버리지 않고 최대한 다시 자본으로 투입합니다.[1] 이걸 '자본의 축적'이라고 합니다. 축적은 반복되며 자본은 점점 커집니다. 마르크스는 '구두쇠가 제정신이 아닌 자본가라면 자본가는 합리적인 구두쇠'라고 빗댑니다. 구두쇠는 화폐를 유통에서 빼내어 가치를 증식하려 애쓰지만, 더 영리한 자본가는 화폐를 다시 유통에 투입하길 반복하여 훨씬 더 많이 증식한다는 거죠.

예전에 자본가를 묘사한 풍자만화 같은 걸 보면, 하나같이 살찐 몸집에 포악하고 탐욕스러운 얼굴을 하고 있습니다. 최근 자본가는 그렇게 그려지지 않죠. 개인으로서는 상식적이고 세련된 사람도 꽤 있습니다. 그러나 어떤 스타일의 자본가든, 자본가로서 하는 행동은 같습니다. 맹목적으로 축적하고 또 축적하죠. 자본가는 언제나 다른 자본가와 경쟁 상태에 있고, 긴장이 풀리면 파산의 위험에 직면할 수 있습니다. 그런데 경쟁에서 분명한 우위에 있고 안정적인 상황이라 해서 자본가가 다르게 행동하진 않습니다. 자본가는 자본 운동의 주인이 아니라 그것을 수행하는 존재일 뿐입니다. 마르크스 표현대로 자본가는 '인격화한 자본'이며, 자본가의 영혼은 자본의 영혼입니다.

---

1 이 행동의 겉모습만 보고 '금욕 정신'이라 일컫기도 하지만, 정확하게 말하면 '다른 차원의 욕망'이죠. 가령 고대 무역 상인의 이익 추구 욕망이 자본가보다 덜했다고 할 순 없습니다. 하지만 그들은 자본가처럼 생산 과정을 직접 지배하지 않았죠.

인격화한 자본인 자본가에게 노동자는 '인격화한 노동시간'입니다. 이것은 언제나 '긴' 노동시간만을 의미하는 건 아닙니다. 만일 어떤 노동이 정해진 노동시간이 짧고 통제나 관리가 적을 때 오히려 더 많은 잉여가치를 만든다면 자본가는 당연히 그렇게 합니다. 이런 경우에 해당하는 노동자는 자신이 여느 노동자와 달리 자발적이고 창조적인 상태에 있다고 착각하며 과도한 노동을 수행하곤 하죠. 자본가에게 그는 오히려 다루기 편한, 인격화한 노동시간일 뿐입니다.

자본가는 자신이 투하한 자본의 가치를 회수하고 새로운 생산물을 소유하지만, 대부분의 노동자는 임금으로 단지 자신의 노동력 재생산을 유지할 뿐이며 생산 후에도 여전히 노동력 외에는 소유하는 게 없습니다. 노동자는 계속 임금을 받고 자본가에 고용되어 노동해야만 합니다. '임금노예'라는 말이 괜히 나온 것이 아니죠. 마르크스는 이렇게 말합니다. "로마의 노예는 쇠사슬로, 임금노동자는 눈에 보이지 않는 끈으로 그 소유자에게 묶여 있다." 임금노동자는 고용주를 계속 바꿀 수 있는, 계약이라는 법적 형식에 의해 자유로운 존재의 껍질을 가질 뿐이라는 거죠.

고전파 경제학에서는 토지, 노동, 자본을 생산의 3요

소라고 했습니다. 오늘날 주류 경제학은 여기에 경영을 보태 생산의 4요소라 말합니다. 자본가의 소득(기업가 이득)은 경영 활동의 대가라 여겨집니다. 케인스식으로 표현하면 '기업가의 노동과 리스크에 대한 보수'입니다.

자본가 소득(기업가 이득) = **이윤 - 이자**[2]

자본가는 노동자 덕에 일하지 않고 살아가는 게 아니라, 매우 고강도로 노동하며 그 노동이야말로 노동자의 일자리와 임금을 만들어내는 결정적인 노동이라는 거죠. 게다가 사업은 성공할 확률보다 실패할 확률이 더 크고, 자본가는 그 위험을 감수하는 모험을 한다는 겁니다.

자본가도 생산 과정에서 분명히 일을 합니다. 당연히 그에 대한 보상은 있어야죠. 문제는 자본가가 반드시 그 일을 해야 한다는 합리적 이유가 없고, 한다 해도 이윤을 독식할 근거가 되진 않는다는 겁니다. 자본가가 기업 경영

---

2 기업가 이득에서 주식 소유자들에게 배당이윤을 지급하고 나면 사내유보금이 남는데, 사내유보금으로부터 재투자를 하는 겁니다.

에서 결정권을 갖는 이유는 그가 그 기업에서 그 일을 가장 잘할 수 있는 사람이라서가 아닙니다. 그 기업의, 즉 생산수단의 사적 소유자이기 때문이죠. 심지어 한국의 독점 자본가들은 대부분 상속받은 사적 소유자입니다.

생산수단의 사적 소유를 전제로 하는 기업 형태를 마치 우주의 이치처럼 전제하는 논리라면 보편적으로 받아들일 이유가 없죠. 사적 소유 관계를 빼고 생각해보면 어떤가요. 기획 조율, 관리 감독 등 경영이라고 일컬어지는 일은 그걸 가장 잘할 수 있는 사람(들)이 하면 됩니다. 만일 A라는 사람(들)이 그 일을 맡았는데 매우 좋은 실적을 냈다고 가정해보죠. A가 이게 다 자신이 잘해서이니 현재의 자본가처럼 막대한 연봉을 받아야 한다고 주장하면 기업의 다른 성원들이 순순히 받아들일까요. 공은 인정하더라도 함께 일한 성과를 독식하는 건 부당하다고 항의하겠죠. 그런데 같은 이야기를 자본가가 주장하면 다들 자연스럽게 받아들이는 겁니다.

이 주장이 기만적이라는 건 자본가가 경영을 잘못해서 회사가 어려워질 경우에 완전히 다른 이야기가 나온다는 사실로도 알 수 있습니다. '회사(자본가 자신)와 노동자는 공동 운명체'라며 노동자에게 양보를 요구하죠. 자본가의 소득은 경영 활동의 대가가 아니라, 생산수단의 사적 소유자로서 잉여가치를 독식하는 행위일 뿐입니다. 위험을 감수하는 모험이라는 것 역시 목적은 그런 독식입니다. 독식을 목적으로 노동력 상품을 구매했을 뿐인데, 마치 노동자들을 위한 모험을 하는 것처럼 말합니다.

현대 기업은 자본가 한 사람이 운영하는 게 아니라 이른바 전문 경영자 집단의 보조를 받는 경우가 많습니다. 그들이 월급이나 연봉을 받는다고 해서 노동자라 말하는 사람도 있죠. 기업 회계에서도 그들의 보수는 노동 비용에 들어갑니다. 그러나 그들은 노동자가 아니라 보조적 자본가입니다. 그들의 월급이나 연봉은 그들의 노동력 판매 대가가 아니라, 자본가의 노동자에 대한 잉여가치 추출을 보조한 대가로 이윤의 일부를 분배받은 것이니까요.

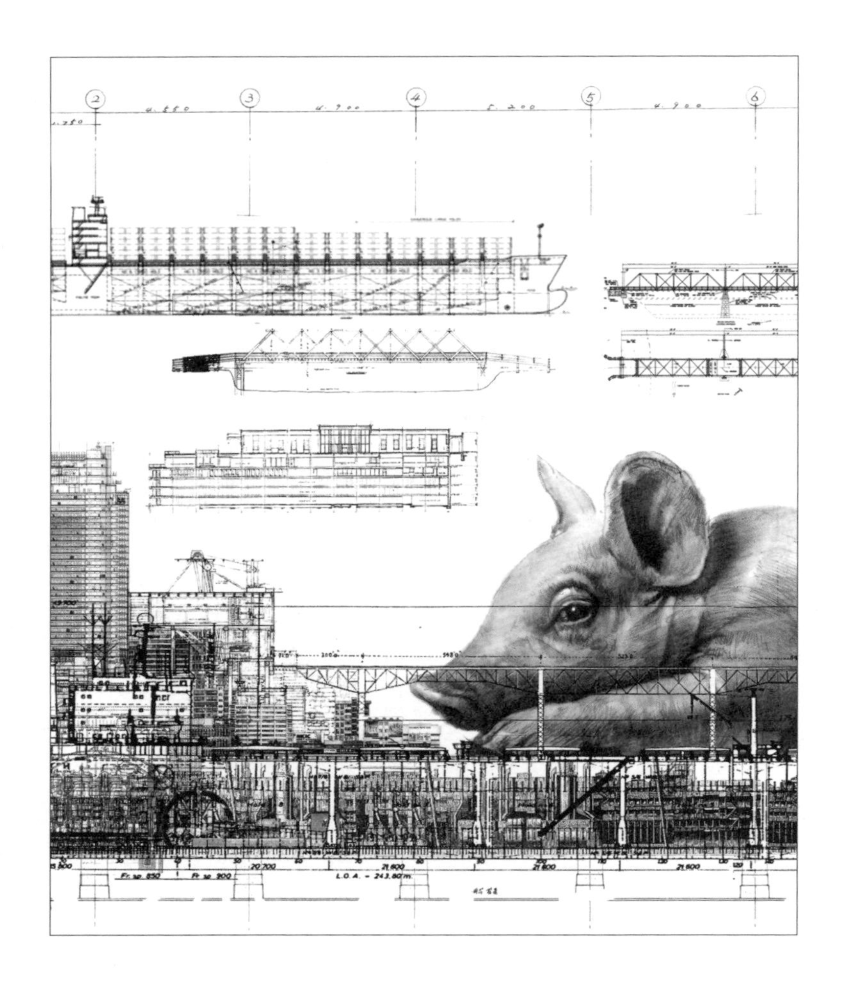
2
3
4
5
6
4.550
4.900
5.200
4.900
Fr. sp 850
Fr. sp 900
20.700
21.600
L.O.A. = 243.80 m.

11

임금 이야기

임금은 노동력 상품의 가격, 즉 노동력 가치의 화폐적 표현입니다. 노동력 상품의 가치는 다른 상품과 마찬가지로 그 재생산에 사회적으로 필요한 노동시간입니다. 하지만 노동력 상품은 다른 상품과 달리 판매자와 분리할 수 없다는 특징이 있어서(노동자는 집에 있고 노동력만 출근할 순 없으니까요) 그 내용이 복잡합니다.

우선 노동자가 다음 날 노동력 판매를 지속할 수 있도록 그의 가족과 함께 먹고 입고 쉬는 의식주의 범주입니다. 의식주의 수준은 다양하며, 역사적이고 사회적인 조건과 관련이 있습니다. 최저 생계비 산출이나 최저임금 설정 등에서 보듯 노동력 구매자 측과 판매자 측의 의견은

늘 대립합니다. 다음으로, 취업 후에도 노동을 수행하기 위해선 일정한 교육과 훈련이 필요합니다. 마지막으로, 노동자는 일정 연령이 되면 노동력 판매(혹은 잉여노동 착취)가 적절치 않게 됩니다. 다음 노동자의 출산과 양육 비용도 노동력 가치에 포함됩니다.

이 내용은 해당하는 다양한 상품을 구매하는 방식으로 실현됩니다. 결국 노동력 상품 가치는 노동력 재생산에 필요한 상품들의 가치의, 사회적 필요노동의 합인 셈입니다.

주류 경제학은 노동자와 기업가가 일대일로 대등하게 노동 계약을 맺으며, 임금을 결정하는 건 노동시장에서 수요와 공급이라고 합니다. 그러나 취업을 원하는 사람은 언제나 줄서 있으므로,[1] 구매자에게 일방적으로 유리한 계약입니다. 주류 경제학이 말하는 '균형 임금'은 노동력 재생산비에 못 미칠 수밖에 없습니다.

일대일이라서 대등한 게 아니라 일대일이라서 불리

---

1 자본주의에서 상대적 과잉 인구, 즉 실업 상태 노동자는 필수입니다. 자본가가 고용 상태 노동자를 견제하고 압박하는 지렛대 역할을 합니다.

하며 그 불균형을 보완하는 노력이 노동조합입니다. 노동조합은 그 자체로는 불온함이나 급진성과는 무관한 자본주의 체제에 적응하려는 노동자 측의 노력입니다. 하지만 대부분의 임금은 노동력 가치에 못 미치므로 노동력 가치를 제대로 받기 위한 투쟁 조직으로서 의미가 있습니다. 이 투쟁은 그 자체가 목적이 될 수도 있고, 변혁적 투쟁을 위한 조건을 마련하는 일일 수도 있습니다.

마르크스주의 페미니스트들이 적확하게 지적해왔듯, 노동력 재생산 비용의 상당 부분은 임금에서 빠져 있습니다. 여성의 가사 노동은 노동력 재생산에서 매우 중요한 역할을 합니다. 하지만 가부장제 습속하에서 그저 '아내의 역할' '엄마의 임무'로 치부되며 무상으로 수행되죠.

자본주의 사회에서 가부장제 습속이 유지되는 건, 단지 사람들에게 여전히 가부장제 의식이 남아 있기 때문만은 아닙니다. 그보다 더 결정적인 이유는 노동력 재생산과 관련한 여성의 무상노동을 유지할 필요에 있습니다. 우리는 가부장제와 가부장제 습속을 구분할 필요가 있습니다. 가부장제의 본디 의미는 가부장 생산제입니다. 아버지가 절대적 권위를 행사하며 온 가족이 농사를 짓던 이전 사회 농민들이 전형적인 경우죠. 자본주의가 발전함으로써 가부장제는 해체됩니다. 그럼에도 자본의 이윤 축적을 위해서 가부장제의 습속은 유지되어야 하는 거죠. 자본주의는 이윤 지향적일 뿐 이념 지향적이지 않습니다. 이윤 축적과 체제 유지에 도움이 된다면, 자본주의에 반하는 요소들도 이용하고 흡수합니다.

임금은 상대적 차이가 있지만, 노동력 재생산비보다 많은 경우는 없습니다. 만일 임금이 노동력 재생산 비용보다 많다면 노동자는 안정적으로 돈을 모을 수 있고 머지않아 임금노동을 그만두려 할 테니까요. 임금은 기본적으로 저임금, 노동력 재생산비에 못 미치는 임금입니다. 저임금은 노동자가 육체적·정신적·문화적으로 위축된 상태로 노동력 재생산을 유지하게 합니다. 시쳇말로 '쥐꼬리만한 월급'으로 저축까지 해가며 주택 마련, 자녀 양육과 대학 입시까지 감당하니 노동자는 임금노동에 꼼짝없이 매여 살게 됩니다.

하지만 지나친 저임금은 자본가도 곤란하게 만듭니다. 왜냐하면 노동력 재생산이 불가능하여 노동자는 임금노동을 지속할 수 없기 때문입니다. 그런 상황이 확대되면 전체 자본가에게 심각한 문제가 될 수도 있겠죠. 그러나 자본가들은 법적 제한만 피할 수 있다면, 이런 이치를 무시하고 무작정 잉여가치 획득에만 열중합니다. 자신이 고용한 노동자가 노동을 못하게 되면 다른 노동자로 대체하면 그만이라는 식이죠. 마르크스는 자본가의 이런 속성을 "대홍수여, 우리가 죽은 후에 오라!"[2]라는 말로 빗댄 바 있습니다.

임금의 형태는 크게 시간 임금과 개수 임금으로 나뉩니다. 시간 임금은 노동시간에 따라 임금을 지급하는 방식이죠. 개수 임금은 생산 개수나 양에 따라 지급하는 임금인데, 흔히 성과급이라고 표현하죠. 자본은 성과급을 이용해, 동일한 임금 총액으로 노동자끼리 경쟁을 유도하여 생산량을 증대하고 잉여가치를 증대할 수 있습니다. 생산량 증대는 상대적으로 임금을 줄이는 것과 같습니다.

시간 임금과 개수 임금은 형태만 다를 뿐입니다. 그러나 임금이 다양한 형태를 취할수록 노동의 대가처럼, 노동으로 생산한 가치 전체를 지불받는 것처럼 보이게 됩니다. 주류 경제학의 '임금 체계론'은 시간 임금과 개수 임금을 어떻게 조합해야 임금 총액을 절약하면서 잉여가치 생산은 극대화할 수 있는가를 모색합니다.

---

2 프랑스 루이 15세의 애인이던 퐁파두르 여후작이 한 말로 전해옵니다.

노동자 관점에서 견지할 임금 원칙은 명료합니다. 첫째는 '법정 노동시간에 가능한 한 많은 임금을 확보'하는 겁니다. 잔업이나 특근 없이 노동력 재생산비(생활 임금)를 확보하는 거죠. 그러려면 기본급 비율을 최대한 높이고, 가족수당, 육아수당, 교육수당 등 가족 구성 변화에 따른 수당을 확보해야 합니다. 둘째는 성과급 요소를 일절 배제하는 것입니다. 성과급은 시간 임금의 형태를 바꿔서 노동자끼리 경쟁시키고 분열시켜 무력화하기 때문입니다.

'임금기금설'이라는 이론이 있습니다. 존 스튜어트 밀 등이 주장한 것으로 어떤 시기, 어떤 사회의 임금 총액은 정해져 있다는 겁니다. 임금기금설의 논리는 여전히 생생히 살아 있습니다. 근래 이른바 '노동 귀족'에 대한 비판이나 반감은 그 사례입니다.

2023년 한 해 한국의 임금 총액이 정해져 있다면 어떻게 될까요? 어떤 노동자들의 저임금 원인이 다른 노동자들의 상대적 고임금에 있다는 거죠. 노동 귀족들 임금이 너무 많아서 내 임금이 작아진다는 얘깁니다. 이 논리는 보수 정권뿐 아니라 리버럴 정권에서도 전략적으로 유포되어왔는데, 자본이 노동자 계급을 공격하고 분열시키는 강력한 무기로 사용됩니다.

저임금이 상대적 고임금과 관련이 있다는 이야기가 전혀 사실무근이라고 할 순 없습니다. 19세기 후반 제국주의 국가의 숙련 노동자는 식민지 노동자에 대한 초과 착취로 얻어진 잉여가치 가운데 일부를 제공받아 중산층의 지위를 누릴 수 있었습니다. 지배계급은 그런 전략을 통해 의식과 조직력이 높은 노동자를 길들일 수 있었습니다. 그 노동자들이 처음으로 '노동 귀족'이라 불립니다. 그런데 노동 귀족이라는 말은 단지 임금을 많이 받는다는 의미는 아니었습니다. 더 중요한 의미는 노동계급 연대를 거부하고 자본가에 협력하는 노동자라는 것입니다.

어쨌거나 상대적 고임금에 다른 노동자를 초과 착취한 부분이 포함되어 있을 수 있고, 그걸 따져보는 건 필요한 일입니다.[3] 하지만 더 중요한 사실은 임금기금설의 논리가 엉터리라는 겁니다. 임금과 이윤은 반비례 관계에 있습니다. 그러므로 어느 사회, 어느 시기의 임금 총액은 정해져 있지 않죠. 각 기업의 임금 예산은 물론 있겠지만 이 역시 임금 교섭에 따라 변동합니다. 사회 전체로 보면 임금 총액은 자본가와 노동자의 계급투쟁 상태로 결정됩니다. 노동자들이 단결하고 활발하게 임금 인상 투쟁을 벌인다면 임금 총액은 증대하고, 분열하고 서로 갈등을 벌인다면 임금 총액도 작아지는 거죠. 원하는 수준에 접근할 가능성은 양측 모두에게 있는 셈입니다.

일부 노동자를 노동 귀족으로 만드는 건 바로 후자를 노린 자본과 국가의 전략입니다. 노동 귀족 문제를 따지는 건 중요한 일이지만, 윤리적 차원으로 매몰되지 않아야 합니다. 임금과 관련한 자본과 국가의 분리 지배 전략이라는 사실을 직시하지 않으면, 결국 사회 전체의 임금 총액이 작아지는 결과로 나타납니다. 상대적 고임금 노동자의 임금을 삭감하여 저임금 노동자에게 돌아오는 일도 당연히 없습니다.

노동강도를 강화하고, 노동시간을 연장하고, 작업 안전을 위한 시설과 비용을 줄이는 일들은 임금액을 직접 건드리지 않고 임금 삭감 효과를 얻는 방법입니다. 이 방법은 특히 조직력이 약한 노동자에게서 집중적으로 나타납니

---

3 한국은 1980년대 말 민주화 이후 대공장 정규직 노조가 노동자 투쟁의 주력이 되었는데, 그 결실이 현재의 전국민주노동조합 총연맹(민주노총)입니다. 독점자본과 국가는 해마다 대공장 정규직 노조와 계급 전쟁 차원에서 손실을 무릅쓰고 맞대응하다가, 그들을 중산층화하여 시스템 내로 포섭하는 전략으로 바꿉니다. 그리고 그들의 '묵인 혹은 협조 아래' 비정규 불안정 노동으로 채워갑니다.

다. 지하철역이나 화력발전소에서 젊은 비정규직 노동자가 참혹하게 죽어가면, 사람들은 21세기 한국에서 일어난 일이라는 데 충격을 받습니다. 하지만 노동자의 안전을 보장하는 건 시대가 아니라 노동자의 조직력과 연대입니다.

투쟁으로 임금 인상을 합의해도 기업이 지불할 능력이 없으면 소용없다는 '지불 능력론'은 매우 설득력 있게 다가옵니다. 형편이 좋지 않은 중소기업이라면 더 그렇죠. 지불 능력론은 노동자는 지불 능력에 맞게 임금을 요구해야 하고, 기업이 지불 능력을 갖도록 경영에 협조해야 한다는 논리로 이어집니다. '합리적이고 건설적 노사 관계' '노사 동반자 관계' '노사상생' 같은 것들입니다.

우선 지불 능력론은 이치에 맞지 않습니다. 임금은 후불입니다. 노동자의 노동은 선불됩니다. 노동자는 노동을 통해 임금과 이윤에 해당하는 가치를 상품 형태로 자본가에게 만들어주고, 그것으로부터 임금을 지불받습니다. 자본가는 노동자가 만들어준 임금 지불 재원으로 임금을 지불하므로, 임금 지불엔 아무런 비용이 들지 않습니다. 상품 가치는 시장에서 실현될 수도 있고 안 될 수도 있습니다. 하지만 상품 가치의 실현은 자본가의 일(경영)이며, 노동자에겐 그 과정에서 아무런 권리도 책임도 없습니다.

자본가는 언제 무엇을 얼마나 생산할까, 어디에서 얼마 이자로 대출을 받을 건가 등을 노동자와 무관하게 결정합니다. 그러므로 책임은 전적으로 자본가에게 있는 거죠. 그런데 자신의 책임을 마치 자신과 노동자에게 함께 있는 것처럼 말하는 것입니다. 노동자는 자본가의 지불 능력과 무관하게 임금을 받을 권리가 있습니다. 유일한 방법은 투쟁을 통해 지불 우선순위를 확보하는 일입니다.

그러나 현대 자본주의에선 상품 가치의 실현을 못 하는 원인이 전적으로 개별 자본가에게 있다고 보긴 어려운 구조가 있습니다. 바로 자본의 독점입니다. 모든 자본이 같은 조건에서 자유경쟁을 벌인다면 자본은 평균 이윤율을 기대할 수 있습니다. 하지만 소수 독점자본이 시장을 장악하고 통제하는 현대 자본주의에선, 독점자본은 평균 이윤율을 웃도는 독점 이윤율을 얻고 중소기업의 이윤율은 평균 이윤율에 못 미치게 됩니다. 중소기업은 독점 기업의 하청을 맡는 경우가 많은데, 하청의 단계에 따라 이윤율은 더 낮아집니다. 오늘날 중소기업 임금 지불 능력 문제의 주요한 원인은 체제에 있습니다.

12

경기순환과 공황

자본주의 이전에 인간이 헐벗고 굶주리는 일은 부족한 생산 때문이었습니다. 전쟁이나 홍수, 가뭄, 전염병 같은 것들 앞에서 지배계급이 아니라면 꼼짝없이 생존 위기에 내몰리곤 했죠. 자본주의에선 반대로, 과잉생산으로 그런 상황이 벌어집니다. 상품은 안 팔려서 쌓이고 썩어가는데, 사람들은 그걸 살 돈이 없어 헐벗고 굶주리는 거죠.

인간의 필요를 충족시키고 남는다는 의미에서 과잉생산은 아닙니다. 자본이 축적운동을 할 수 있는 이윤율을 유지하기 어려울 만큼 자본이 과잉되고, 상품생산이 과잉된다는 말입니다. 과잉생산이 결국 만들어내는 급격한 경제 위기가 '공황'입니다. 신용 경색과 은행 도산, 금융시장

붕괴를 동반하며 경제가 일시에 마비되고 세상이 무너지는 것 같아서 붙은 말입니다.

공황은 자본주의 초기부터 상업적 투기나 전쟁 등 여러 이유로 불규칙하게 일어났지만(유명한 17세기 네덜란드 '튤립 파동'을 비롯하여), 현재처럼 주기적으로 반복되는 과잉생산 공황은 1825년 런던발 공황이 그 시작입니다. 자본주의의 수도에서, 산업혁명이 완료되자 바로 공황이 일어난 거죠. 이후 현재까지 공황은 10여 년(7~11년) 주기로 계속되고 있습니다. 20세기 이후로는 1920, 1929, 1937, 1948, 1957, (1967), 1974, 1980, 1990, 1997, 2008, 2020년에 공황이 일어났습니다.[1]

공황은 '회복-호황-공황-불황'이라는 자본주의적 경기순환 속에 있습니다. 호황이 한창일 때 거대한 풍선이 터지듯 순식간에 공황이 일어납니다. 경기순환과 공황이 10여 년 주기로 200여 년 반복된다는 사실은, 공황의 원인이 자본주의 체제 내에 있음을 말해줍니다.

---

1 케인스주의 기간엔 상대적으로 파장이 작았고, 1967년 공황은 베트남 전쟁 확대로 파장이 더 작았습니다. 2020년 공황은 코로나19로 인한 경제 위기라 여겨지지만, 실은 공황이 임박할 때 마침 코로나19가 방아쇠를 당겼고 더 확대했습니다.

주류 경제학은 공황이 자본주의 체제의 문제라는 걸 인정하지 않습니다. 단지 '침체 또는 경기 후퇴'라고 표현합니다. 은행을 비롯한 각종 금융기관과 주식시장이 붕괴하는 걸 보고 '금융 위기'라 언급하는 정도입니다. 노동자 책임론, 재벌 책임론, 생산력 정체론 등 공황의 원인을 둘러싼 다양한 견해들은 공황의 원인이 자본주의 생산의 고유한 문제임을 부정합니다.

차라리 '주식 10년 주기'를 말하는 주식투자 전문가들이 경제학자들보다 낫습니다. 그들은 단지 체험을 통해 10년 주기 경기순환을 알아챈 것입니다. 어차피 경제학은 시장 현상의 외관만을 좇으니 별로 상관없는 일일 수 있겠지만 말입니다.

케인스주의는 공황이 구조적인 것임을 인정하고, 그 원인이 과소 소비에 있다고 봅니다. 유효 수요, 소비를 증대시키면 공황을 막을 수 있다는 거죠. 그러나 이건 문제를 거꾸로 본 것으로 과소 소비의 정체는 대중의 소비 부족이 아니라, 소비 한도를 넘어선 지나친 과잉생산입니다. 게다가 공황은 호황기 때 터지는데, 호황기는 소비가 가장 많은 시기입니다.

자본주의에서 경기순환과 공황은 왜 일어나는 걸까

요. 첫 번째는 생산의 무계획성과 부문간 불균형입니다. 자본주의 생산은 개별 기업 차원에서는 계획적이지만, 사회 전체 차원에서는 무계획적이고 부문 간의 균형을 유지하기 어렵습니다. 두 번째는 생산과 소비의 모순 때문입니다. 자본주의 생산은 무한정 확대되는 경향을 갖는 데 반해 대중의 소비는 한계가 있습니다. 상품 소비자의 대다수는 노동자입니다. 모든 자본가는 임금은 최소한이길, 상품 판매는 최대한이길 바랍니다. 자본주의가 발전할수록 비약적으로 증대하는 생산능력을 사회 소비능력이 감당하지 못하게 됩니다. 과잉생산, 과잉자본 현상은 필연적입니다.

'회복-호황-공황-불황'으로 진행하는 경기순환을 하나씩 살펴보겠습니다.

회복기

불황도 아니고 호황도 아닌, 쉽게 말해서 경기가 보통인 시기입니다. 이 시기는 새로운 기술과 기계들이 도입되고 생산력이 꾸준히 높아지며 특별 잉여가치의 획득이 활발합니다. 새로운 시장이나 새로운 사용가치의 개발로 수요가 증가합니다. 높은 이윤율은 자본 축적을 활발하게 만들고, 경기순환은 호황기로 접어듭니다.

호황기

생산수단과 노동력에 대한 수요가 증가하며 소비 수단에 대한 수요도 증가해 자본 축적은 더욱 활발해집니다. 조금씩 과잉생산 상태가 시작됩니다. 그러나 초과수요, 즉 수요의 거품 때문에 상황은 가려지죠. 여기에서 자본이 생산량을 적절히 조절한다면 공황 같은 건 없을 겁니다. 하지만 자본은 은행 신용(대출)과 채권, 주식시장을 이용하며 축적 속도를 더욱 높입니다. 생산수단과 임금의 상승은, 상품가격 인상과 수요의 거품을 통해 벌충합니다.

호황 말기 과잉생산이 많아지면서 비생산 부문이 확대됩니다. 주식 부동산 가격이 폭등하고 거품이 형성됩니다. 주식 부동산 가격의 폭등은 생산적 영역에서 투자처를 찾지 못한 과잉자본이 투기로 몰린 것이고, 공황이 임박했다는 의미입니다. 하지만 외견상으로는 모든 게 잘 돌아가는 듯한, 금융 부문도 실물경제와 분리되어 독립적으로 돌아가는 듯한 착각을 일으킵니다.

공황

과잉생산의 지속으로 초과수요도 상한선에 이릅니다. 비용 가격의 상승을 더 이상 상품가격에 반영할 수 없게 됩니다. 소비자는 대부분 노동자입니다. 노동자의 임금은 노동력의 재생산비 수준이므로 유효 수요의 증가는 한계가 있습니다. 은행 신용이나 상업자본 역시 과잉생산을 감당하는 데 한계가 있습니다. 생산수단에 대한 수요가 급감합니다. 생산수단 부문의 노동자들이 실직하면서 소비수단의 수요도 급감합니다.

거품에 가려져 있던 과잉자본과 과잉생산이 결국 실체를 드러냅니다. 어느 순간 거대한 풍선이 터지듯 공황이 터집니다. 공황은 자본주의 생산을 일거에 마비시키고 사회는 충격에 빠집니다. 생산 중단, 기업 연쇄 부도, 도산, 대량 실업, 임금 삭감, 주가 및 부동산 가격 폭락, 물가 폭락, 환율 폭등, 예금 인출 쇄도, 자살 급증… 모든 게 완전히 끝난 것 같은 분위기에 휩싸입니다.

불황기

공황은 자본주의 생산의 모순을 폭발적으로 드러냄으로써, 누적된 모순을 해소합니다. 경쟁력이 뒤처지는 기업들의 파산과 산업 구조조정 등을 통해, 누적된 과잉생산과 과잉자본을 파괴하고 청산합니다. 생산 부문 간 균형 그리고 생산과 소비의 균형도 다시 회복합니다. 공황으로 생산수단과 임금은 급락했으므로, 생산비용이 매우 감소한 상태입니다. 이윤율이 개선되고 자본 축적이 재개하면서, 다시 '회복기'로 넘어갑니다.

임금 급락의 내용은 공황과 불황기에 해고된 노동자가 상대적 과잉인구로 존재하기 때문입니다. 회복과 호황기엔 이들을 헐값으로 다시 흡수하는 거죠. 경기순환에 따라 상대적 과잉인구는 늘기도 줄기도 하면서 노동력 공급의 저수지 역할을 합니다.

앞서 우리는 가치법칙이 현실에서 온전히 관철되는 건 시장이 아니라 공황을 통해서임을 살펴본 바 있습니다. 경기순환에서 보면 호황기에는 초과수요 때문에 가격이 가치보다 높아지고, 공황과 불황기에는 과잉생산 때문에 가격이 가치보다 낮아집니다. 과잉생산이 해소된 회복기에 들어서야 비로소 가격은 가치에 조응하게 됩니다. 자본주의 체제의 자율조정기구는 시장이 아니라 공황인 셈입니다.

자본주의 체제 차원에서 공황은 과잉생산과 과잉자본을 해소하고 자본주의가 다시 활력을 회복하는 과정입니다. 하지만 공황이 문제를 완전히 해소하는 건 아닙니다. 문제는 누적되며 더 큰 공황, 즉 대공황으로 나타납니다. 1, 2차 세계대전 같은 대규모 전쟁 역시 자본주의가 누적된 문제를 해소하는 또 하나의 방식입니다.

최근 자본주의 상황은 경제 위기가 만성화되고 또한 격화되어가고 있으며, 다시 그 안에서 10년 주기 위기가 발생하는 형국입니다.

덧붙이면 공황의 원인을 금융으로 보는, 공황이 금융 부문에서 생긴 문제가 실물로 전이된다는 해석이 있습니다. 2008년 미국발 공황은 서브프라임 모기지와 각종 파생상품이 만든 문제라 보고, 1997년 한국 외환 위기는 '한국 경제의 펀더멘탈은 괜찮았는데 외국계 투기 자본 때문에 일어났다'는 식이죠. 금융 부문만 잘 규제하면, 파생 금융상품을 비롯한 가공자본 시장이나 투기 자본을 적절히 규제하면 공황은 없을 거라는 논리입니다. 이런 논리의 목적은 공황의 원인이 실물 부문의 과잉생산이라는 사실을 부정하는 데 있습니다. 그걸 인정하면 공황은 우연적 시장 교란이 아니라 자본주의 체제의 필연적 문제, 자본주의가 충분히 발달하고 성숙한 결과로 모순이 폭발한 문제가 되기 때문이죠.

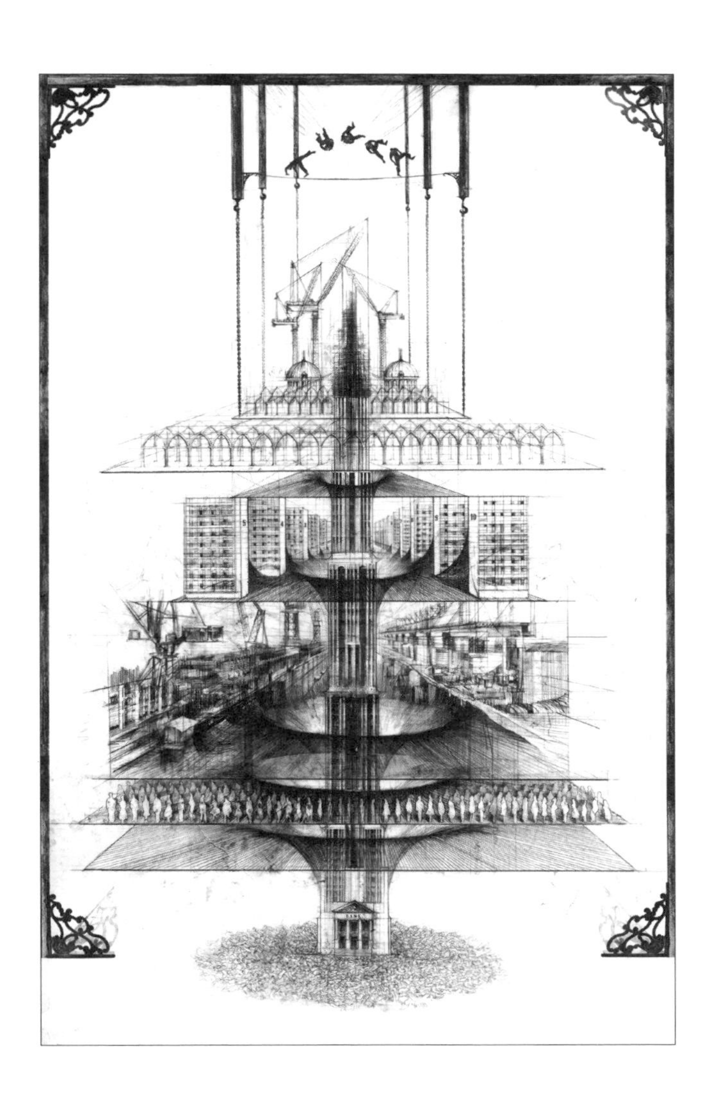

13

이윤율의 경향적 저하

자본주의 위기는 두 가지 차원으로 나타납니다. 첫 번째가 앞서 살펴본 주기적 공황입니다. 공황은 이윤율을 개선하고 자본 축적을 다시 시작할 수 있도록 합니다. 그런데 경기순환과 공황의 반복은 제자리의 반복이 아닙니다. 반복을 통해 자본주의는 더 높은 생산력과 생산 수준을 갖게 되고 그에 따라 공황의 규모도 확대되고 심화합니다. 생산력의 고도화와 자본주의적 생산관계 사이의 충돌이 더 본격적으로 드러나는 것이고, 반복하고 해소되는 위기가 아닌 체제의 근본적 위기가 심화해가는 거죠.

이걸 분석한 게 마르크스의 '이윤율의 경향적 저하 법칙'입니다. 공황은 반복되며 해소되는 위기지만, 이윤율의 경향적 저하는 경기순환의 위기와 회복을 경과하면서도 장기적으로 진행하는 체제 위기입니다. 2008년 공황 때 마르크스주의자들 사이에서 '자본주의가 끝났다'는 말이 나왔는데, 둘을 구분하지 못한 것이기도 하고,[1] 이윤율의 경향적 저하에 따라 공황의 규모가 확대하고 심화하는 것을 보여주는 것이기도 합니다.

현재 주요한 선진 자본주의 국가들의 잉여가치율은 대략 300퍼센트 정도입니다. 노동일 여덟 시간 가운데 여섯 시간이 잉여노동이라는 뜻이죠. 이것은 19세기와 비교하면 엄청나게 높아진 건데, 노동일이 단축되었음에도 생산력이 엄청나게 발전했기 때문입니다. 이 높은 잉여가치 덕분에, 이전과는 비교하기 어려울 만큼 확장된 서비스 산업이나 비생산적 노동자를 부양하면서도, 축적운동을 지속할 수 있습니다. 그러나 그에 비해 이윤율은 갈수록 저하합니다. 이윤율 저하의 원인은 무엇일까요?

생산력이 발전한다는 건 생산수단 비중이 커지고 노

---

1 마르크스가 두 가지 위기를 뚜렷하게 구분해서 말하지 않은 건 사실이고, 그게 자본주의 위기론에서 혼선의 원인이 되었다고도 합니다. 하지만 21세기 일은 21세기 사람들의 몫이죠.

동력 비중은 작아지는 일이기도 합니다. 생산이 확대되어 노동력은 절대적 차원에서 증가를 보이지만, 그럼에도 (기존 자본에서 노동력이 축출되고, 새로운 자본은 그 크기에 비해 갈수록 더 적은 노동자를 흡수하는) 상대적 감소를 따라가진 못해서 노동력 비율은 감소하는 거죠. '노동의 종말'이니 '고용 없는 성장'이니 '4차 산업혁명'이니 하는 말은 그 현상을 표현합니다. 최근 들어 공장은 물론 사무 노동에서 자동화, 로봇 사용, 인공지능 도입 등으로 이 현상은 더욱 가속화하고 있습니다.

이렇게 불변자본(생산수단)이 거대화하고 상대적으로 가변가본(노동력)이 감소하면, 잉여가치의 원천은 노동력 사용에 있으므로 이윤율은 저하하게 됩니다. 본디 생산력 발전은 인간이 노동을 덜해도 되는 사회적 진보의 의미를 갖지만, 자본주의에서는 이윤율이 저하하는 원인이 되어 생산력이 발전할수록 체제의 위기를 만들어내는 겁니다.

마르크스는 이 상황을 '자본의 구성' 개념으로 정리합니다. 먼저 생산수단과 노동력의 양적 관계를 '자본의 기술적 구성'이라고 합니다. 문제는 자본의 기술적 구성은 하나의 상품생산에서는 비교가 가능하지만, 다른(사용가치가 다른) 상품들의 생산에서는 상호 비교가 불가능하다는 겁니다. 그걸 해결해주는 게 '자본의 가치 구성'(c/v)입니다. 생산수단과 노동력의 관계를 불변자본과 가변자본이라는 가치의 관계로 보면, 다른 상품들의 생산에서도 비교가 가능합니다.

그런데 자본의 가치 구성은 자본의 기술적 구성을 정확하게 반영하지 못할 수 있습니다. 자본의 기술적 구성에 아무 변화가 없어도, 생산수단이나 노동력의 가치가 변화하면 자본의 가치 구성도 변화하기 때문이죠. 생산수단이나 노동력의 가치 변동을 교정하여, 자본의 기술적 구성의 변화만을 반영하는 자본의 가치 구성을 말해야 합니다. 그게 바로 '자본의 유기적 구성'입니다. 이렇게 복잡하게 굳이 자본의 유기적 구성을 말하는 건 생산력 발전이 불변자본과 가변자본 비율에 어떤 영향을 미치는가를 포착해야 하기 때문입니다. 이제 자본의 유기적 구성이 커질수록 이윤율이 저하한다고 말할 수 있습니다. 자본의 유기적 구성 역시 'c/v'로 표현됩니다.

이윤율 $= s/(c+v)$

이윤율은 이윤을 불변자본(c)과 가변자본(v)의 합으

로 나눈 것입니다. 이윤율 수식의 분모와 분자를 모두 v로 나누어 보면, 새로 정리된 수식을 얻게 됩니다.

$$s/(c+v) = (s/v)/((c/v)+(v/v)) = s'/(k+1)$$

(k: 자본의 유기적 구성)

자본주의가 발전하여 생산력이 높아질수록 k가 증가합니다. 이윤율은 지속적으로 저하하게 되죠. 이윤율은 자본주의 생산의 원인이자 동력이기 때문에, 이윤율 저하는 자본 축적의 위기를 만들어냅니다. 여기에서 이윤율 저하는 주기적 경기순환과 공황에서 일시적으로 나타나고 회복되는 시장 가격 이윤율 감소와 다른 것입니다. 장기적으로 자본주의 체제의 근본적 위기를 만들어내는 것을 말합니다. 이 둘을 구분하지 않으면, 공황의 원인을 과잉생산이 아니라 이윤율 저하라고 보는 등 심각한 오류에 빠지게 됩니다.

이윤율의 저하를 가속화하는 부가적인 요인은 서비스 부문의 확장입니다. 잉여가치를 직접 생산하지 않고, 물질적 생산 부분에서 만들어진 잉여가치로 부양되는 부문이죠. 갈수록 비대해지는 국가 부문 역시 물질적 생산

부분에서 만들어진 잉여가치로 부양되므로 이윤율 저하에 영향을 미친다고 할 수 있습니다.

이윤율 저하가 단선적으로 일어나는 건 아닙니다. $s'/(k+1)$을 다시 살펴보겠습니다. 생산력 발전으로 k가 증가하면 분모가 커지므로 이윤율이 감소합니다. 하지만 생산력 발전은 상대적 잉여가치를 만들어내므로 분자 s'도 커집니다. 또한 생산력 발전은 불변자본 c를 구성하는 상품들의 가치를 낮추므로, k의 증가를 억지합니다. 이런 상쇄 요인들 때문에 이윤율 저하는 단선적으로 모든 시기에 나타나진 않습니다. 일시적으로 이윤율이 증가하는 시기도 있는 거죠. 그러나 장기적으로는 분명히 나타납니다. 그래서 '이윤율 저하의 법칙'이 아니라 '이윤율 저하 경향의 법칙'이라고 하는 거죠.

개별 경제주체의 선택들이 사회 전체 경제의 결과를 가져온다고 보는 주류 경제학의 관점으로 보면, 이윤율 저하를 뻔히 알면서 자본가들이 왜 새로운 기술을 도입하겠냐고 반문할 수도 있습니다. 그러나 사회 전체의 장기적 이윤율을 염두에 두고 기술 도입 여부를 결정하는 자본가는 없습니다. 자본가는 특별 잉여가치를 얻기 위해 새로운 기술을 도입할 뿐이고, 경쟁자들은 그걸 따라 도입할 수밖에 없습니다. 그래서 해당 생산 부문의 유기적 구성이 높아지고 이윤율이 낮아지며, 사회 전체 평균 이윤에 반영되는 것입니다. 이윤율 저하 경향은 이윤율을 높이기 위해 경쟁하는 자본가들의 합리적인 노력의 필연적 결과입니다.

개별 자본가들의 이윤 추구가 그들 전체의 이윤을 훼손한다는 사실은 자본주의의 본질적 모순입니다. 이윤율 저하 경향의 법칙은 자본주의가 발전할수록, 체제 자체의 위기로 나아갈 수밖에 없음을 보여줍니다.[2]

경제학에는 줄곧 시장만 이야기하는 주류 경제학만 있는 게 아니라, 진보적인 경제학도 있고 최근 토마 피케티처럼 사회주의를 말하는 경우도 있습니다. 위기의 해결 방법도 금융 규제, 임금 인상, 누진세 등 다양하죠. 하지만 이윤율 저하 경향을 인정하지 않는다는 점, 자본주의 위기를 자본주의 시스템 내에서(생산은 접어두고 분배만 조정함으로써) 해결할 수 있다고 본다는 점에서 같습니다.

---

2 최근 마르크스주의자들 중에는 인지노동이나 자동화된 기계가 잉여가치를 생산한다고 주장하는 경우도 있는데, 노동가치론에 대한 기본적 이해가 없는 이야기라 할 수 있습니다. 설사 그런 주장이 사실이라면 이제 자본주의는 이윤율의 경향적 저하도 공황도 사라지고 위기를 맞을 이유도 없겠죠.

이윤율 저하 경향은 자본주의 체제의 상쇄 요인과 공황 등을 통해 상당 부분 해소되면서도 계속 진행하며 장기적으로 자본주의 체제를 최종적 위기로 끌고 갑니다. 자본주의는 그럴수록 독점화합니다. 독점화는 자본주의 체제가 비자본주의적 요소를 도입하여 위기로부터 자신을 방어한다는 의미에서 '자본의 사회화'이기도 합니다. 독점화의 가장 높은 단계가 국가와 결합한 독점자본입니다.

결국 이윤율 저하 경향의 법칙은 크게 두 가지 의미를 갖는 셈입니다. 첫째, 자본주의가 자신이 발전시킨 생산력을 더 이상 감당하지 못해서 체제의 위기가 심화한다는 것입니다. 그런데 이 의미만 기계적으로 강조하면 이윤율 저하 경향의 법칙은 자본주의 '자동 붕괴론'이 됩니다. 물론 자본주의는 역사 속의 다른 사회체제처럼 생성, 성장, 소멸의 과정을 겪고 다른 체제로 이행할 테지만, 그 시점은 누구도 정확하게 말하기 어렵습니다.

둘째, 자본주의가 이윤율 저하 경향의 심화에 대응하면서 보이는 형태 변화입니다. 케인스주의와 신자유주의라는 현대 자본주의의 형태 변화는 바로 그렇게 생겨났다고 할 수 있습니다.

14

독점과 20세기 자본주의

현재 자본주의가 모든 기업들이 시장에서 대등한 경쟁을 벌이는 상태에 있다고 말하면 누구나 웃을 겁니다. 대기업 혹은 재벌이라 불리는 독점 기업이 경쟁에서 절대적 우위를 갖고 시장을 지배하죠. 국가는 어떤가요. 마치 경제의 총감독인 양 금융, 통화, 경제 정책을 관리합니다. 국가와 독점 기업은 밀접한 관계에 있습니다. 공황이 일어나 독점 기업이 위기에 처하면 국가는 막대한 세금을 투입하여 구제합니다.

이것은 《자본》에 그려지는 자본주의와 다릅니다. 《자본》은 '자본의 집적과 집중' 현상을 강조합니다. 자본의 집적은 축적운동의 반복을 통한 자본 증대를, 집중은 한 대기업에 여러 소기업이 흡수되는 걸 의미합니다. 현재의 독점 기업은 필연적이라는 이야기죠. 하지만 《자본》의 목적은 시대나 사회 상황에 따른 변수를 추상화한, 자본주의의 일반적 구조와 작동법칙을 밝혀내는 데 있습니다. 현재 자본주의의 모습을 구체적으로 살펴보는 건, 현재를 살아가는 우리의 몫입니다.

독점과 관련하여 가장 흔한 오해는, 독점은 경쟁과 정반대라는 생각입니다. 독점이 자유경쟁을 거스르는 건 사실입니다. 자본주의 국가엔 이른바 공정 거래에 관한 법과 제도들도 있습니다. 그러나 독점은 경쟁의 필연적 결과입니다. 시장 경쟁은 승자와 패자를 낳게 마련이고, 승자는 패자를 흡수하여 몸집을 불리며(자본의 집중) 시장을 장악해갑니다. 자본주의가 발달할수록 독점화 현상이 심해지는 거죠.[1]

자본주의가 독점자본주의 상태에 이르게 된 과정을 간략하게 살펴봅시다. 산업혁명과 함께 만개한 자유 시장

---

1 참고로 주류 경제학은 독점과 과점을 구분합니다. 독점은 한 개의 기업이, 과점은 소수의 기업이 독점적 상태에 있는 걸 말하죠. 둘을 합해서 독과점이라고도 합니다.

은 자본가에게 천국을 선사합니다. 그러나 1825년 산업혁명이 완료되자마자 공황이 터지면서 분위기가 급변하죠. 자본가들은 자유 시장의 위험과 불안정성을 절실히 깨닫습니다. 주식회사가 만들어지기 시작합니다.

본디 기업은 자본가 개인의 사유 형태였습니다. 주식회사는 여러 명의 주주로 소유가 분산된 사회적 소유 형태죠. 다만 경영권은 지배적인 지분을 가진 사람이 가짐으로써 사유의 성격을 유지합니다.[2] 주식회사는 개인회사보다 많은 자본을 형성할 수 있어 대규모 사업을 실현할 수 있으면서도, 결과에 대한 위험은 분산시킬 수 있었습니다. 공황과 위기가 반복하면서, 19세기 말이면 주식회사는 일반적인 기업 형태가 됩니다.

또한 기업들은 독점화해갑니다. 여러 기업이 연합하거나(카르텔) 하나로 합병하여(트러스트) 생산 부문과 생산량을 정하고, 시장 가격을 통제하고 판매를 단일화합니다. 시장의 위험성을 방어하는 걸 넘어, 지배하고 통제하는 것입니다. 독점화 현상은 경쟁력 없는 기업들이 파산하고 많

---

2 심지어 이재용 씨는 2퍼센트가 안 되는 지분을 가지고도 삼성물산과 삼성생명을 통해 삼성전자의 경영권을 장악합니다.

은 인수합병이 이루어지는 공황 때 더욱 활발해집니다. 유럽에서 독점자본주의가 성립한 시기가 20세기 초인 것도 19세기 말(4/4분기)의 심각한 공황의 결과입니다.

선진국 자본주의는 자유경쟁 시대를 끝내고 독점자본주의 상태에 접어듭니다. 독점화한 산업자본과 독점화한 은행자본이 융합하여 거대 금융자본[3]을 형성하기도 합니다. 독점자본의 이윤 축적운동은 국경을 넘어 확장하는데, 그에 따라 선진 국가 간의 식민지 쟁탈전과 제국주의가 전면화합니다. 식민지는 독점자본주의의 과잉생산 상품의 판매처이자 원료 공급지의 역할을 합니다.

1930년대 대공황을 거치며 자본주의는 또 한번 크게 변화합니다. 이전까지 자본주의는 자유방임주의를 견지했습니다. 국가는 시장 바깥에 머물며 범죄와 혁명, 외국 침략으로부터 사유재산과 자본주의적 생산관계의 안정을 지키는 역할을 했죠. 국가의 경제 개입은 자국 산업 보호와 육성을 위해 수입 상품에 대해 고율의 관세를 매기는

---

3 '금융자본'은 은행자본이 아니라 산업자본과 은행자본이 융합한 거대 독점자본을 의미합니다. 힐퍼딩이 《금융자본론》(1910)에서 처음 쓴 말입니다.

정도에 머물렀습니다. 이걸 국가가 야간 경찰 노릇만 한다고 해서 '야경국가'라고도 합니다.

대공황은 자본주의 체제 자체가 곧 붕괴할 수도 있다는 공포를 가져왔죠. 러시아 혁명으로 현실 사회주의가 성립한 상태였고, 자본주의 국가의 노동자는 사회주의에 호의적이었습니다. 국가는 자유방임 원칙을 넘어 위기에 빠진 독점자본을 구제하게 됩니다. 자유방임과 국가의 개입은 반대인 것처럼 보이지만, 국가가 독점자본을 지원하는, 독점자본에게 필요한 일을 한다는 점에서 같습니다. 이로써 자유방임 자본주의가 끝납니다. 경제 위기나 공황이 일어나면 국가가 적극적으로 개입하는 게 당연한 일이 됩니다. 일반적인 방식이 되었습니다.

'국민 경제에 미치는 막대한 영향'을 내세우며, 막대한 세금을 쏟아부어 독점자본을 구제하는 일은 현재도 경제 위기 때마다 쉽게 볼 수 있습니다. 그런데 '국민 경제에 미치는 막대한 영향'이라는 말은 그 의도와 무관하게 사실이기도 합니다. 독점자본이 차지하는 비중이 지나치게 커져서, 파산을 방치했다간 전체 경제가 흔들릴 수 있는 거죠. 독점자본은 철저하게 사유화되어 있지만 마치 공적 정체성을 가진 것 같은 자의식을 갖는 걸 쉽게 볼 수 있습니다. 국민을 먹여 살리고 일자리를 만들어준다는 자긍심이죠. 막대한 구제금융으로 경영자의 천문학적 연봉과 퇴직금을 지급하는 윤리적 불감증은 그에 기인하는 측면이 있습니다.

국가의 경제 개입은 공황 구제에서 출발하여 경제 계획과 성장 정책, 구조조정과 산업 정책, 조세 정책, 통화 및 신용 정책, 군수 정책, 과학 기술 정책, 소득 및 가격 정책, 사회 정책(교육, 의료, 보험, 노동, 주택 등), 외환 정책 등으로 광범위하게 확대됩니다. 이런 개입이 가능한 물적 토대는 국가 재정과 중앙은행, 국·공유기업 등이죠.

역사 속의 한 생산양식으로서 자본주의는, 제 생애에서 자립의 시기를 마치고 국가의 지원과 관리를 받는 단계에 있다고 할 수 있습니다. 엥겔스는 국가를 '본질상 자본가의 기관이고 자본가의 국가이며 관념상 총자본가'라고 했는데, 20세기 자본주의에서 국가는 관념이 아니라 현실적 총자본가인 셈입니다. 상황이 이런데도 독점자본가들은 걸핏하면 국가가 시장에 개입하는 건 바람직하지 않다, 시장에 맡기는 게 최선이다 따위의 말을 합니다. 실은 '국가는 우리에게 이로운 개입만 하라'는 말이죠.

독점자본이 국가와 결합한 형태의 자본주의를 이론

화한 걸 '국가독점자본주의론'이라고 합니다. 문제는 이게 소련의 공식 이론이기도 했다는 거죠. 소련 해체 후 자본주의 사회의 좌파들은 '낡은 좌파'라는 혐의를 피하기 위해 소련과 관련한 걸 무작정 부정하는 경향이 생겼고, 여기에는 국가독점자본주의론도 포함됩니다. 그러나 그 상황을 뭐라고 부르든, 현재 자본주의가 독점 상태이며 독점자본과 국가가 결합 관계에 있다는 건 분명한 사실입니다. 그걸 부정하면, 현재 자본주의를 19세기 자본주의의 틀로 보는 꼴이 되어버리죠. 여전히 '보이지 않는 손'이나 뇌까리는 부류의 우파처럼 말입니다.

국가와 결합한 독점자본이 경제의 절대적 위치를 갖게 됨에 따라, 계급적 상황도 변화합니다. 자본가 계급과 노동자 계급 둘로 딱 나뉘어 있진 않은 것입니다. 독점자본의 정규직 노동자는 근근이 버티는 소규모 자본가보다 형편이 나을 수 있습니다. 그래서 오늘날 자본주의 사회에선 계급이 사라졌다는 말도 나옵니다. 자본주의가 발달할수록 노동자는 빈곤해지고 자본가는 부유해진다는 마르크스의 예언이 빗나갔다고도 합니다. 그러나 전체 자본가 계급과 전체 노동자 계급 사이의 경계선은 이전보다 희미해졌다 해도, 주요 자본가(국가와 결합한 소수 독점자본가)와 대다수 노동자의 구분은 비교하기 어려울 만큼 더 뚜렷해졌죠. 계급이 사라진 게 아니라, 독점자본과 노동 차등화의 본격화 등 자본주의의 양상이 변화함에 따라 계급이 현실에서 드러나는 양상이 이전과 달라졌을 뿐입니다.

마르크스는 자본주의가 발달함에 따라 한쪽 극에선 부의 축적이, 반대쪽 극에선 빈곤, 노동의 고통, 무지, 야만화, 도덕적 타락의 축적이 심화한다고 말한 바 있습니다. 바로 오늘날 생생히 펼쳐지는 상황이죠. 계급이 사라졌다고 말하는 사람들조차 이구동성으로 개탄하는 '양극화' 현상입니다.

현재 자본주의는 자본 간, 부문 간 경쟁에 따라 노동이 유입과 유출을 반복하며 사회 전체에서 평균 이윤율을 이루는 상황과 거리가 멉니다. 독점자본은 나머지 중소자본을 하청 계열화하고, 상당 수준의 '자본의 계획경제'를 실행합니다. 생산가격(비용가격+평균 이윤)을 넘는 독점가격을 설정할 능력이 있는 독점자본은 평균 이윤을 넘는 독점 이윤율을 갖습니다. 중소자본은 평균 이윤율에 못 미치는 이윤율을 갖습니다.

이때 독점이윤은 중소자본에서 온 것입니다. 자본이 노동자를 착취하는 건 모두 같은데, 착취된 잉여가치가 중소자본에서 독점자본으로 흘러가는 거죠. 수직으로 하청 계열화한 자본 간 위계를 통해, 독점자본가는 자신이 고용한 노동자에게서만 잉여가치를 착취하는 게 아니라 중소자본가들 휘하의 노동자에게서도 잉여가치를 착취합니다.

독점이윤은 독점자본 휘하 (정규직) 노동자의 상대적 고임금을 가능하게 해줍니다. 자본 간 격차는 노동자 간 (독점자본 노동자 대 중소자본 노동자, 정규직 노동자 대 비정규직 노동자) 임금 격차로 나타납니다. 독점자본 노동자는 과소(적게) 착취되고 중소자본 노동자는 초과 착취되는 것입니다. 당연히 노동시장도 독점자본과 중소자본은 분단되어 있죠.[4]

신자유주의 이후 양극화 현상을 표현하는 '1대 99의 사회'라는 표현이 유행했습니다. 근래는 '10대 90의 사회'라는 표현이 많죠. 1대 99에서 1은 최상위 자본가지만, 10대 90에서 10에는 상위 노동자가 포함됩니다. 노동시장 연구자들은 10과 90에 해당하는 노동자를 각각 내부자,

---

4 문재인 정권에서 이른바 소득주도성장 정책은 이런 상황을 무시한 해프닝이었습니다. 정작 독점자본은 제쳐두고, 평균 이윤율에 한참 못 미치는 이윤율에 시달리는 영세 업자만 타격을 주는 것이기 때문입니다.

외부자라고도 하는데, 성 안에 사는 사람과 성 밖에 사는 사람인 셈입니다. 임금과 생활수준의 격차는 자녀의 교육 경쟁으로 반영되어 격차가 세습되는 경향을 보입니다. 노동자가 '노동자는 하나'라는 전통적 계급의식으로 연대하기란 어려울 수밖에 없습니다.[5]

---

5 국가와 자본은 독점자본 정규직 노동자 중에 유독 생산직에 대한 대중적 반감을 조장하곤 합니다. 이를테면 자동차 회사 정규직 노동자의 임금이 유럽 자동차 회사 노동자보다 높다는 식이죠. 여기엔 두 가지 중요한 사실이 생략되어 있습니다. 하나는 독점자본이 생산직에서 정규직 채용을 안 한 지 오래라, 정규직은 고령 노동자라는 것. 또 하나는 여덟 시간 노동임금이 아니라, 장시간 잔업 특근을 합한 임금이라는 것입니다.

만선PC

15

케인스주의와 신자유주의

국가와 결합한 독점자본이라는 구조를 가진 20세기 자본주의는 크게 두 가지 형태를 보여왔습니다. 이른바 케인스주의와 신자유주의입니다. 히틀러 치하의 독일처럼 파시즘 형태도 있긴 합니다만, 국가가 재정적 수단으로 유효 수요를 창출함으로써 과잉생산을 해소하려 한다는 점에서 케인스주의와 다르지 않습니다.

흔히 케인스주의와 신자유주의는 반대의 지향이라고 평가됩니다. 케인스주의는 국가의 시장 개입을, 신자유주의는 국가의 시장 개입 반대를 지향한다는 거죠. 신자유주의자들이 자유방임 시장을 주장하는 건 사실입니다. 그러나 실제 현실에서 신자유주의는 케인스주의와 다름없는 국가의 개입과 지원을 기반으로 합니다. 케인스주의와 신자유주의는 현대 자본주의가 심화하는 이윤율 저하 경향에 대응하는 두 가지 형태입니다.

1930년대 대공황을 겪으며 공황의 원인이 거시적인 차원에서 유효 수요 부족이고, 국가의 재정 지출을 통한 경기 조절이 필요하다는 '케인스주의 경제학'이 등장합니다. 이를 기반으로 한 자본주의가 시작하죠. 케인스주의는 2차 세계대전 후 30여 년 동안 자본주의의 번영을 만들었다고 평가되곤 합니다. 공황과 실업을 비롯한 문제점들이 해결되어 자본주의가 항구적으로 갈 것처럼 보이기도 했습니다. 1960년대 중반 노벨 경제학상 수상자이기도 한 폴 새뮤얼슨은 "자본주의 산업순환을 통제하는 방법을 찾아냈다, 경제 흐름을 '미세 조정fine tuning'할 수 있게 되었다"고 선언하기도 합니다.

그러나 1970년대 중반 들어 자본주의는 '스태그플레이션'이라는 초유의 사태를 맞습니다. 스태그플레이션은 스태그네이션(침체)과 인플레이션의 합성어입니다. 호황기엔 물가가 상승하고, 공황과 침체기엔 물가가 하락한다고만 생각하던 경제학자들이 경기 침체와 인플레이션이 동시에 발생하는 상황에 놀라서 붙인 이름입니다.

뒤에서 자세히 보겠지만, 사실 인플레이션의 원리를 알면 놀랄 일은 아니었습니다. 호황기엔 물가가 상승하고, 공황과 침체기엔 물가가 하락하는 건 금본위제 상태에나 유효하니까요. 불환 통화 상태에서 국가가 유효 수요를 만들고 경기 부양을 위해 재정 지출, 즉 화폐를 증발하면 인플레이션이 일어날 수밖에 없습니다. 대공황기 후에도 물가 상승이 일어났습니다. 인플레이션을 억제하는 정책 쓰면 경기가 침체하고요.

케인스주의에 대한 회의와 비판 여론이 커지고, 통화주의자들(화폐 수량성 신봉자들)을 비롯한 신자유주의자들이 득세하면서 케인스주의는 파산합니다. 케인스주의 파산의 원인은 여러 견해가 있지만, 정작 가장 중요한 것 두 가지는 거의 언급되지 않습니다.

첫째, 케인스주의 번영은 케인스주의가 아닌 더 결정적 요인이 있었습니다. 2차 세계대전입니다. 자본주의는 2차 세계대전을 통해 누적된 과잉생산과 과잉자본을 대대적으로 청산하고, 활력을 회복할 수 있었습니다. 그리고 케인스주의가 자랑하는 완전 고용이나 복지도 구현할 수 있었습니다. 2차 세계대전의 효과가 1970년대 중반까지 30여 년을 갔던 셈입니다.

둘째, 케인스주의 시대에도 10여 년 주기 경기순환은 존재했습니다. 그런데 케인스주의 정책으로 공황을 통한 과잉생산의 청산을 막아서 과잉생산이 더 심화했습니다. 이것은 자본의 속성과 관련이 있습니다. 국가가 재정적 수단을 통해 유효 수요를 창출하고 나설 때, 개별 자본이 사회적인 고려를 하여 절제하진 않습니다. 자본은 가능한 한 생산을 증대할 뿐입니다. 과잉생산이 청산되지 않는 상태에서 계속 누적되는 거죠.

제 세상을 맞은 신자유주의자들의 주장을 요약하면 이렇습니다.

자본주의는 자유시장에 의해 자연스럽게 규율된다.
국가 개입을 배제하고 규제를 완화하라.
국·공유기업을 사유화(민영화)[1]하라.
노동조합은 자유경쟁을 막는 독점체다.

---

1 영어로 'privatization'인데 '사유화'가 정확한 말입니다. 민영화는 일본어 번역어에서 가져온 말인데, 어감을 순화하고 의미를 숨기려는 의도가 들어 있습니다.

우선 앞의 두 개는 거짓말이죠. 2008년 공황에서 명백히 보여졌듯, 국가가 공황에서 독점자본 구제를 비롯하여 경제에 개입한다는 건 케인스주의와 신자유주의가 동일합니다. 다르다면 이윤율 저하에 대응하는 방법이겠죠. 케인스주의 국가는 노동자 소득을 늘려 유효 수요를 창출하는 데 주안점을 둔다면, 신자유주의 국가는 노동자 착취를 늘리고 복지를 파괴하여 이윤율을 회복하는 방식이라고 할 수 있습니다. 신자유주의는 심각한 이윤율 저하에 봉착한 독점자본이, 케인스주의 상태(혹은 계급 타협 상태, 복지 국가)에서 노동자 계급의 몫을 탈취하기 시작한 운동인 것입니다. 복지가 해체되고 비정규 불안정 노동이 일반화하는 거죠.

국유기업이나 공유기업은 대부분 애초에 자본이 투자를 안 해서 국유기업, 공유기업이 된 겁니다. 전기, 교통, 통신, 도로, 항만, 철도 같은 건 엄청나게 큰 자본 투자가 필요한데, 그에 반해 단기간에 수익이 나진 않죠. 시장에 맡겨선 제대로 발전하지 않는 겁니다. 그런데 이것들이 충분히 갖춰져 있어야 자본주의 발전이 가능합니다. 사회 간접 자본, 사회 인프라라고 하죠. 그래서 국가가 맡아서 세금으로 운영하는 겁니다. 초기엔 돈만 들어가고 이윤이 나지 않는 부문 같지만, 시간이 지나 제 궤도에 오르면 엄청난 이윤을 만들 수 있게 되고 민영화(사유화) 이야기가 나오게 됩니다.

신자유주의는 신자유주의자들이나 신자유주의에 앞장선 정치인들(레이건과 대처가 대표격으로 지목되곤 합니다)이 만들어낸 게 아닙니다. 20세기 자본주의가 더 이상 케인스주의를 감당할 수 없게 됨으로써 그 형태를 바꾼 것입니다. 케인스주의 시대는 '케인스주의가 가능한' 상태이고, 신자유주의 시대는 '신자유주의만 가능한' 상태인 거죠. '신자유주의 반대'나 '케인스주의로 돌아가야 한다'는 주장은 산자유주의를 선택의 문제인 양 본다는 점에서 오류입니다.

신자유주의는 케인스주의로 돌아갈 수 없습니다. 그렇다고 다음 카드가 있는 것도 아닙니다. 2008년 미국발 공황은 신자유주의의 파산 선고였지만 신자유주의는 아직 끝나지 않았습니다. 현재를 파산한 신자유주의가 좀비처럼 배회하는 자본주의라 할 수 있을 겁니다. 세계는 위기에 빠진 독점자본들의 아귀다툼으로 모든 게 엉망이 되고 있습니다. 서구 좌파정치(사민당)의 몰락, 극우 이념과 국가주의의 발흥, 경제 분쟁과 전쟁은 그 현상들의 일부입니다.

신자유주의는 '신자유주의 금융화'로 표현되곤 합니다. 2008년 미국발 공황은 신자유주의적 자본주의에서 금융 부문이 얼마나 비대해지고 투기화했는지 적나라하게 보여주었죠. 은행은 대출 신용이 안 되는(이른바 '서브프라임' 등급) 사람들에게까지 주택 담보 대출을 해줬는데, 만일 대출금을 갚지 못하면 담보로 된 주택을 차압하면 된다고 생각했죠. 대출 채권은 다시 신용 등급이 높은 것과 섞은 파생 금융 상품으로 만들어져 팔렸습니다.

그리하여 미국의 주택 담보 대출이 세계 자본주의의 경기를 만드는 희한한 상황이 펼쳐집니다. 미국 인민은 대출받아 집을 샀고 주택 가격은 올랐으며, 중국은 미국에 상품을 팔 수 있었고, 일본은 중국에 중간재를 팔 수 있었고, 일부 라틴아메리카와 아프리카 국가는 중국에 원재료를 팔 수 있었고, 일본과 아시아 자본가의 이윤은 다시 미국 주택 시장으로 흘러 들어갔죠. 2008년 공황 직전 미국의 경제 관련 논평이나 기사들은, 자본주의가 이런 식으로도 잘 돌아갈 수 있다는 확신에 차 있습니다.

사태의 원인은 주로 투기 금융과 금융자본가의 탐욕과 음모 등이 지목됩니다. 그러나 그건 겉으로 드러난 현상만 보는 것일 뿐이고 본질적 원인은 아니죠. 본질적 문제는 금융 부문이 왜 비대해졌는가, 왜 자본이 실물 부문에서 금융 부문으로 몰려갔는가입니다. 자본이 이윤율이 워낙 떨어진 실물 부문에서 투자처를 찾기 어려워지자 금융으로 몰렸고, 금융은 실물경제와의 조화를 벗어나 투기화한 것입니다.

주기적 경기순환에서도 호황 막바지에 비생산 부문이 팽창하는, 금융화하고 투기화하는 현상이 나타납니다. 하지만 다시 과잉생산이 청산되며 생산 부문 투자도 활성화하죠. 그런데 신자유주의 이후 상황을 보면 자본이 지속적으로 비생산 부문으로 몰리는 경향을 볼 수 있습니다. 코로나19 사태가 초기에 선진국에서 심각했던 주요한 이유도 필수 의료기기조차 제대로 생산하지 못하게 되었기 때문입니다.

IT 벤처 붐이 한창일 때만 해도 각광받는 신생 기업은 여하튼 뭔가를 생산하는 기업이었습니다. 하지만 최근 주식 시장에서 떠오르는 혁신 기업들을 보면 대부분 아무것도 생산하지 않죠.[2]

자본의 유기적 구성의 고도화로 인한 자본의 이윤율 저하는 한계에 이르렀습니다. 자본주의가 이윤율을 회복하는 방법인 공황을 통한 파괴 청산이 케인스주의하에서 억지된 것도 위기를 돌이킬 수 없게 만들었습니다. 독점자본의 규모와 경제에 미치는 영향이 워낙 크다 보니 국가는 위기에 빠진 독점자본을 구제할 수밖에 없고, 과잉생산과 과잉자본은 파괴 청산되지 않고 계속 누적되었습니다.

자본주의의 세 축이라 할 미국, 유럽, 일본 자본주의가 1980년대와 1990년대에 걸쳐 차례로 장기침체에 빠져듭니다. 자본주의는 노동자 쥐어짜기와 금융화로 그걸 벌충하려 노력했지만 결국 2008년에는 모두 금융 위기와 채무 위기의 소용돌이에 휩싸이죠. 신자유주의 초·중반기에 고도성장을 하며 자본주의 세계 경제의 버팀목 역할을 해온 중국 자본주의도 한계에 달합니다. 세계 자본주의 전체가 40여 년째 위기를 벗어나지 못하고 있습니다. 경기침체, 일자리 불안정, 비정규직과 양극화, 사회보장 축소, 금융 투기, 청년 실업은 어느 나라든 특별한 게 아닙니다.

---

2 상품유통의 기존 체계를 변형하고 독점하거나, 서비스 부문에서 기존 노동 관련 법이나 제도의 허점을 악용하여(플랫폼 노동자나 특수고용직 노동자를 노동자가 아니라 사업자라고 규정하는 식의) 이윤을 챙기는 방식이 많습니다.

최초의 사회보장제도는 19세기 말 독일 비스마르크 하에서 만들어졌습니다. 고조되어가는 노동자의 변혁 투쟁으로부터 자본가를 구제하기 위한 조처였죠. 이후 사회보장제도는 언제나 두 가지의 타협물입니다. 변혁적 노동운동/계급투쟁의 성과인 동시에 지배 체제의 방어책입니다. 사회보장제도는 독점자본의 상품 수요를 직간접으로 확대하는 부수효과도 있습니다.

복지국가와 관련한 가장 일반적인 오해는 평화적인 사회적 타협의 결과라는 것입니다. 어느 시대, 어느 사회든 사회를 위해 양보하거나 타협하는 지배계급 같은 건 없습니다. 아예 모든 걸 잃을 수도 있다는 판단이 설 때, 지배계급은 도리 없는 타협에 나섭니다. 복지국가의 성립도 물론 그렇습니다.

많이 축소·왜곡되어 있지만, 소련은 2차 세계대전에서 가장 큰 희생을 치른 국가이자 연합국 승리에 가장 크게 기여한 국가였습니다. 유럽 국가들에서 전쟁 동안 일어난 저항 투쟁도 사회주의 세력이 주축이었죠. 전쟁 후 자본주의 사회의 노동자와 지식인들 사이에서 사회주의 경향이 팽배했습니다. 지배계급이 체제를 유지하려면 타협할 수밖에 없는 상태였던 겁니다. 복지국가에서는 선거 역시 평화적인 사회적 타협의 산물이 아니라 계급투쟁의 산물입니다. 그래서 복지국가를 '계급 타협' 체제라고 하는 거죠.

지배계급이 타협에 응한 목적, 곧 체제 안정은 순조롭게 이루어졌습니다. 복지국가가 시작되자 서구 노동운동은 매우 빠른 속도로 변혁의 지향을 잃고 체제 내화하며, 경제적 분배 문제에 몰두하게 됩니다. 그걸 대변하는 정치 세력이 사민당이며 사민주의 좌파입니다.

사민당은 본질적으로 계급 타협 체제의 구성물이므로 계급 타협 체제가 깨지면 기반을 잃게 됩니다. 서구 사민당은 이윤율 저하에 시달리는 자본 측이 그간의 타협을 일방적으로 파기하고 노동계급에 대한 수탈에 나선 신자유주의 이후 몰락할 수밖에 없었습니다. 사민당은 '신노동당' '제3의 길' '새로운 중도' 등의 구호 아래 신자유주의에 투항합니다. 불안과 고통의 삶이 닥쳐오고 서구 인민은 기존 타협 체제에서 좌우 정치 모두에 대한 회의와 반감을 갖게 됩니다. 사민당보다 급진적인, 체제 변혁을 지향하는 좌파는 계급 타협 기간 동안 매우 위축되었습니다. 그 틈을 타 극우 세력이 급부상한다든가 프랑스의 마크롱처럼 엉뚱한 인물이 대통령에 당선되는 등 정치적 혼돈 상황이 펼쳐집니다.

축적 위기에 빠진 독점자본이 시장 확대를 둘러싼 치열한 투쟁을 벌이면서, 거대한 세계 재분할이 일어나고 있습니다. 아프가니스탄과 이라크 침략, 발칸반도 전쟁 등이 모두 그 맥락에 있다고 할 수 있습니다.

16

인플레이션

흔히 상품 가격이 지속적으로 오르는 걸 인플레이션이라고 합니다. 그러나 상품 가격은 수요가 증가하거나 노동생산성이 하락해도 오릅니다. 인플레이션은 '화폐 가치의 하락에 따른 상품 가격의 명목적 상승'입니다.[1] 화폐 가치가 떨어지니 상대적으로 상품 가격이 오르는 건데, 그 현상만을 가리켜 인플레이션이라고 말하는 겁니다.

그런데 우리는 물가가 지속적으로 오르는 걸 모두 인

---

1 인플레이션inflation은 부풀리다inflate의 명사형으로 본디 양에게 물을 먹여 무게를 늘려서 파는 행위를 지칭하는 말이었다고 합니다. '부풀려진 화폐'라는 의미인 셈이죠.

플레이션이라 하진 않습니다. 한 해 2퍼센트 정도 상승하면 물가 안정이라고 합니다.[2] 그러나 이 역시 인플레이션입니다. 심지어 물가가 오르지 않아도 인플레이션 상태일 가능성이 높습니다. 자본주의에서 노동생산성은 지속적으로 높아져왔습니다. 상품생산에 필요한 노동이 적어진다는 건 상품 가치가 하락하는 것이니, 당연히 물가는 지속적으로 하락하는 게 맞죠.

이 상황을 뒤바꾼 게 1930년대 대공황입니다. 대공황 이전까지는 물가가 꾸준히 내려가는 걸 당연하게 여겼습니다. 대공황 직전인 1926~1929년 미국은 호황기임에도 물가가 완만하게 하락합니다(-3.4퍼센트). 1933년 초 루스벨트 정부는 뉴딜을 시작하기 위해 금태환을 정지시키고 불환화폐를 대량으로 찍어내는데, 이게 인플레이션의 시작입니다.

신자유주의의 핵심 세력인 통화주의자들은 인플레이션의 원인이 화폐의 양이라고 주장합니다. 이걸 화폐수량

---

2 한국은행은 '물가안정목표제'를 시행하고 있습니다. 2019년 이후 목표는 소비자물가 상승률(전년 동기 대비) 기준 2퍼센트입니다.

설이라고 합니다. 화폐수량설은 화폐의 양(통화량)이 많으면 물가가 오르고 적으면 물가가 내린다는 이론입니다. 화폐수량설의 기원이 된 건 '가격혁명'입니다. 16세기에서 17세기 초 100여 년에 걸쳐 유럽 전역에서 상품 가격이 두 배 이상 상승했습니다. 1년에 2퍼센트 남짓이니 현재 기준에선 물가가 안정적이라 하겠지만, 당시로선 혁명적 상황이었던 거죠.

15세기 말부터 '지리상의 발견'과 대항해시대가 시작되고 정복 약탈의 선두에 선 스페인은 아메리카 대부분을 석권합니다. 스페인으로 들어온 엄청난 양의 은과 금이, 중금주의(중상주의) 정책에도 불구하고 밀무역 등을 통해 유럽 전역으로 퍼져나갑니다. 그러면서 상품 가격이 급격하게 상승하죠. 화폐량이 많아지면 그에 비례해서 상품 가격이 오른다는 생각은 여기서 비롯한 겁니다.

$$mv = pt$$

화폐수량설은 이렇게 표현됩니다. 화폐유통속도(v)[3]와 상품 수량(t)이 고정되어 있다고 할 때, 화폐량(m)이 늘면 상품 가격(p)이 상승하고 화폐량이 줄면 상품 가격이 하락한다는 겁니다.

그러나 가격혁명의 진짜 원인은 화폐량이 아니었습니다. 스페인이 은과 금을 많이 얻을 수 있었던 건, 아메리카 대륙 광산이 유럽보다 채굴이 훨씬 쉬웠기 때문입니다. 화폐를 생산하는 데 필요한 노동시간이 줄어든 거죠. 상품 가격은 상품과 화폐의 교환 비율입니다. 화폐는 원래 금(혹은 은)이며, 상품 가격은 상품 가치(그 상품생산에 사회적으로 필요한 노동시간)와 화폐 가치(금 생산에 사회적으로 필요한 노동시간) 사이의 비율입니다. 100여 년 동안 물가가 200퍼센트 올랐다면, 그 기간 동안 화폐를 생산하는 데 필요한 노동시간이 3분의 1로 줄었다는 이야기입니다.

금태환제에서 상품 가치와 화폐의 가치는 맞물려 있습니다. 유통에 필요한 양보다 많은 화폐를 찍어내면 물가가 오르는 게 아니라, 불필요한 화폐는 자연스럽게 유통에서 빠져나가 축장[4]됩니다. 그리고 다시 화폐유통속도가 느려지거나, 상품 가격 총액이 늘어나서 유통에 필요한 화폐량

---

3 동일한 화폐가 얼마나 자주 구매에 사용되는가를 말합니다.

4 축장hoarding이란 화폐가 유통에서 빠져나가 머무는 상태인데, 저축이 가장 대표적인 경우죠.

이 늘어나게 되면, 축장화폐가 다시 유통으로 나오게 됩니다. 금태환제에서 화폐량에 의한 물가 상승 같은 건 없습니다. 화폐수량설은 오류이며, 다음과 같이 수정해야 합니다.

$$pt/v = m$$

현재 이 사회에서 거래되어야 할 상품 가격 총액(pt)을 화폐유통속도(v)로 나눈 게 화폐량(m)입니다. 이걸 '유통필요 화폐'라고 합니다. 만일 일정 기간에 유통되는 상품 가격 총액(pt)이 5,000억 원이고 그 기간에 1원권 화폐가 평균 다섯 번 유통한다면, 즉 화폐유통속도(v)가 다섯 번이라면 유통필요 화폐는 1원권 화폐 1,000억 개, 즉 1,000억 원입니다. 그런데 이 사회에 화폐가 2,000억 원 존재한다면 어떨까요. 화폐수량설에 의하면 상품 가격은 두 배 올라야 합니다. 그러나 실제로는 상품 가격 총액과 유통필요 화폐는 맞물려 있으므로, 유통에 불필요한 화폐 1,000억 원은 자연스럽게 유통에서 빠져나가 축장됩니다. 그러다가 화폐유통속도(v)가 떨어진다거나 상품 가격 총액(pt)이 늘면, 유통필요 화폐량이 늘어서 축장되었던 화폐가 다시 유통에 투입됩니다.

유통수단으로서 화폐와 축장화폐는 상반된 것이지만, 또한 밀접한 관련을 갖고 상호 보완하는 관계에 있습니다. 축장화폐는 유통수단으로서 운동이 전제되어 있습니다. 또한 축장화폐는 유통에 필요한 화폐량이 끊임없이 조정되도록 하는 역할을 하는, 유통 수단의 저수지 역할을 합니다. 물론 이건 어디까지나 진짜 화폐(상품화폐 혹은 금태환 화폐)의 이야기죠. 불환지폐는 유통 수단과 축장지폐 사이의 상호 인과관계가 없습니다. 유통에 필요한 양을 넘는 양의 화폐가 축장되지도 않고, 축장지폐가 유통에 필요한 화폐량의 조정자 역할을 하는 것도 아닙니다.

인플레이션은 1930년대 대공황기에 금태환이 정지되면서 본격화합니다. 국가는 대공황을 기점으로 위기에 빠진 독점자본을 구제하기 위해(경제를 살리기 위해) 시장에 전면적으로 개입하기 시작합니다. 통화제를 '관리 통화제'[5]로 바꾸고 불환화폐를 대량으로 찍어냅니다. 금태환제일 때는 화폐를 찍어낸다고 해서 인플레이션이 일어나지 않지만 불환화폐는 상황이 전혀 다릅니다.

---

5 중앙은행이 금 준비 없이, 임의로 불환 은행권을 발행하는 현재의 통화 제도입니다.

금태환제에서 은행권은 그 자체(인쇄된 종이)로 가치를 갖진 않지만 표시된 액수만큼의 금과 바꿀 수 있으므로 금과 같은 '내재적 가치'를 갖습니다. 불환화폐는 내재적 가치가 없는 종잇조각일 뿐이며, 오로지 국가가 부여한 강제 통용력으로 화폐 구실을 합니다. 만일 국가가 불환화폐를 유통필요를 넘어 대량으로 찍어 풀면 어떻게 될까요. 상품 가격 총액과 유통필요 화폐가 대응되지 않으니, 태환 화폐처럼 불필요한 부분이 축장되지 않고 유통에 남습니다. 늘어난 화폐량에 비례하여 상품 가격은 오르게 됩니다.

그렇다면 화폐수량설이 맞는 것 아닌가 생각할 수도 있겠죠. 하지만 이 상황은 정확하게 말하면 화폐량이 아니라, 화폐가 화폐가 아니라서 즉 내재적 가치가 없는 종잇조각이어서 일어나는 거죠. 금태환 화폐에선 상품유통에 필요한 화폐량이 축장화폐를 통해 과부족이 조절되기 때문에 화폐의 과잉에 따른 물가 상승이라는 현상이 나타나지 않습니다. 그러므로 화폐수량설은 오류입니다.

통화주의자들은 금태환 화폐와 불환지폐의 차이를 모릅니다. 그래서 화폐수량설이 언뜻 들어맞는 것처럼 보이니 오류인 것도 모르는 거고요. 통화주의자들의 진짜 의도는 이론적 주장이 아니라, 케인스주의를 공격하는 것입니다. 지폐 증발로 유효 수요를 만들어내는 케인스주의를 공격하여 자유방임 시장이라는 제 주장을 관철하려는 거죠. 그런데 케인스주의로선 이를 방어할 논리가 없습니다. 유동성을 풀어서 2008년처럼 물가가 오르지 않으면 통화주의자들이 틀렸다고 하고, 2020년처럼 물가가 오르면 꼼짝없이 통화주의자들 주장에 굴복하는 거죠.

이게 현재 우리가 일상적으로 겪는 인플레이션입니다. 대공황 이후 케인스주의 경제 위기와 공황 때마다 반복해서 불환화폐를 대량으로 찍어냄으로써 인플레이션이 지속하게 됩니다. 대공황 이전까지 공황이 일어나면 물가는 하락했습니다. 공급에 비해 수요가 적어지기 때문이죠. 대공황 이후 공황이 일어나면 물가가 오릅니다. 공황 극복을 위해 필요보다 많은 불환화폐가 발행되기 때문입니다. 늘 인플레이션 상태에 있게 되면서, 사람들은 물가가 지속적으로 오르는 걸 당연하게 여기게 되고 그 폭이 특별하지 않은 한 인플레이션이라 생각하지 않게 됩니다.

대공황을 극복한 건 이른바 뉴딜 덕이라고 합니다. 뉴딜은 댐을 만들고 도로를 만들어 일자리를 만들고 유효 수요를 만드는 정책으로 알려져 있습니다. 그러나 이후 학자들의 연구에서 밝혀진 바로는, 그런 것들은 그저 전시

효과일 뿐 경기 회복에 별 영향을 주지 못했습니다. 뉴딜의 실제 내용은 대량으로 돈을 풀어 유효 수요와 경기를 회복한 겁니다.

뉴딜을 하려면 금태환을 정지할 수밖에 없죠. 경제위기와 공황기엔 불안감이 커지면서 다들 은행 예금을 인출하려 하고, 화폐도 못 믿어 금으로 바꾸려 합니다. 은행 보유 금보다 훨씬 더 많은 화폐를 발행하려면 금태환을 정지할 수밖에 없죠. 루스벨트가 뉴딜을 위해 먼저 한 일이 자국 통화 금태환 정지였습니다. 이후 미국을 비롯해 어떤 자본주의 국가도 금태환을 재개하지 못합니다.

대공황 이후 공황 때마다 대량으로 돈을 풀어 유효 수요와 경기를 회복하는 건 국가의 주요 임무가 되었습니다. 2008년 공황 때도 마찬가지였습니다. '양적완화'[6]라는 이름으로, 불환화폐를 대량으로 뿌려 간신히 경기를 회복했죠. 2008년부터 2013년까지만 4조 3,000억 달러를 풀었습니다. 2014년 말 양적완화는 중단되는데 2020년

---

6 미국 중앙은행, 즉 연준이 돈을 찍어내서 시중에 돈의 유통량을 확대한다는 의미입니다. 실제 방법은 중앙은행이 돈을 찍어내서 그 돈으로 시중의, 주로 정부나 은행의 채권을 사들이는 겁니다. 그럼 정부나 은행은 그 돈을 시중에 풉니다.

공황에서 연준은 다시 무제한 양적완화를 발표합니다.

1944년 2차 세계대전 종전을 앞두고 미국을 비롯한 44개국 대표들이 브레턴우즈에 모여 국제통화협정을 맺게 됩니다. 금본위제는 폐기되고, 외국이 보유한 달러에 한해 미국이 '금 1온스=35달러'로 태환을 보장합니다. (이걸 금태환제라고 말하는 경우도 있는데, 외국이 보유한 달러에 태환을 보장한 것일 뿐 자국 내 금태환은 아니었었습니다. 미국에서 은행에 35달러를 가져가도 금 1온스로 바꿔주진 않았다는 말입니다.) 다른 통화들은 달러와 고정 환율을 정합니다.

1960년대 미국이 베트남 전쟁 등으로 엄청난 달러를 찍어내고, 1971년 대통령 닉슨이 달러-금태환의 정지를 발표함으로써 달러의 금 토대는 완전히 사라지게 됩니다. 달러와 다른 통화 사이의 고정 환율도 사라집니다. 이후 모든 화폐는 국가의 강제 통용력으로만 화폐 지위가 인정되는 불환화폐입니다. 불환화폐의 가치는 끊임없이 변화할 뿐 아니라, 정치·경제 상황에 따라 가치가 폭락하곤 합니다. 말 그대로 카지노 자본주의죠.

자본주의에서 물가는 지속적으로 내리는 게 정상이며, 물가가 안정 상태라거나 물가가 그대로인 상태 모두 인플레이션입니다. 물가가 그대로인 상태는 실은, 상품 가치의 하락만큼 물가가 오르고 있는 것입니다. 인플레이션의 이런 속성은 명목임금을 유지하거나 일정하게 인상하면서도 임금을 삭감하는 수법으로 사용됩니다. 급격한 인플레이션이 일어나면, 노동자의 저항을 막기 위해 명목상 임금을 올리되 인플레이션보다 작게 올리면 임금 삭감과 동일한 효과가 있습니다. 인플레이션만큼 올리면 임금 인상 탕감이 되고요. 인상된 임금은 위기에 빠진 독점자본의 상품 소비로 흡수됩니다. 이게 바로 케인스주의가 말하는 유효 수요 정책의 뼈대죠.

2008년 공황 때도 대규모 양적완화로 불환 화폐가 풀렸는데 인플레이션이 일어나지 않았습니다. 대부분 부실 모기지 채권을 매입하는 데 쓰였기 때문입니다. 양적완화로 풀린 화폐는 실물경제에서 유통되지 않고 금융기관에서 금융시스템 붕괴를 막는 데 사용되었습니다. 반면에 2020년의 양적완화는 심각한 인플레이션을 일으키고 있죠. 2008년보다도 양도 많고 속도도 더 빨랐지만, 결정적인 건 자금이 실물경제로 흘러들어갔다는 점입니다. 양적완화의 3분의 2 정도가 재난지원금 등으로 지급되었습니다.

인플레이션과 관련하여 '임금이 오르면 물가가 오른

다'는 속설이 널리 통용됩니다. 하지만 인플레이션에서도 모든 상품 가격이 동시에 같은 속도로 오르진 않습니다. 가장 먼저 상품 가격을 올리는 건 시장을 지배하는 독점자본, 재벌이고 그다음이 중소기업이죠. 가장 늦게 오르는 게 노동력입니다. 자본가는 임금을 물가 인상에 맞추어 제때 올리지 않습니다. 물가 인상으로 생활하기 어려워진 노동자의 불만이 쌓여 임금 인상 투쟁이 벌어지면 그제야 임금이 오르는 식이죠. 임금이 오르면 물가가 오르는 게 아니라, 물가가 한참 오르고야 임금이 뒤를 좇는 겁니다.

'임금이 오르면 물가가 오른다'는 논리는 종종 임금 인상분과 물가의 관계를 속이곤 합니다. 임금이 10퍼센트 오르면 물가도 10퍼센트 오르는 것처럼 말하는 거죠. 임금이 10퍼센트 오르면, 상품 가격에서 임금이 차지하는 부분이 10퍼센트 오릅니다. 상품 가격에서 임금이 차지하는 부분이 20퍼센트라면, 임금이 10퍼센트 오를 때 상품 가격은 2퍼센트가 오르는 겁니다.

금태환 지폐가 그 자체(인쇄된 종이)로 가치를 갖진 않지만 표시된 액수만큼의 금과 바꿀 수 있으므로 금과 같은 '내재적 가치'를 갖는다면, 불환 지폐도 국가채권이나 금융채권을 담보로 해서 발행되니 내재적 가치가 있다는 견해가 있습니다. 중앙은행은 국가채권이나 금융채권을 담보로 해서 불환 지폐를 발행하는 게 아니라, 발행한 화폐를 채권의 매입이나 대출을 통해서 즉 국가와 시중은행을 통해서 민간에 공급하는 겁니다. 불환 지폐를 국가나 금융기관에 가져간다고 국채나 금융채권으로 교환해주진 않습니다. 불환 지폐로 시장에서 국채나 금융채권을 사거나 팔 수 있을 뿐입니다. 이건 불환 지폐의 내재적 가치가 아니라 '시장 거래'입니다.

가상화폐(가상자산)는 어떤가요. 가상화폐도 불환 지폐와 마찬가지로 내재적 가치가 없습니다. 그러나 불환 지폐는 국가가 법령으로 강제 통용력을 부여한 법정화폐라는 점에서 다릅니다. 가상화폐가 불환화폐를 대체할 수 있느냐 하는 논란이 있지만, 이건 가상화폐의 가능성이 아니라 국가가 강제 통용력을 부여하는가에 달려 있죠. 어차피 불환화폐이므로 강제 통용력을 부여한다면 뭐든 화폐 구실을 할 수 있습니다.

17

포섭에서 잉여로

자본주의 역사에서 노동자는 두 번에 걸쳐 포섭되었고, 이제 배제되는 처지에 있습니다. 인류의 사회 발전과 변화가 양상이 다 같지 않지만, 생산력이 계속 증대해왔고 그에 따라 생산양식도 변화해왔다는 점에선 그리 다르지 않습니다. 생산양식은 원시 공산제에서 고대 노예제, 중세 봉건제, 자본주의로 변화해왔습니다. 이 변화는 서유럽을 기준으로 한 이야기인데, 자본주의가 생겨난 곳이 서유럽이기 때문입니다.

십자군전쟁과 흑사병 창궐 이후 농노의 저항이 격화하며 14세기 후반이면 서유럽의 봉건제가 붕괴합니다. 그렇다고 자본주의로 바로 넘어간 건 아닙니다. 해방된 농노들, 즉 독립 자영농이나 소작농이 생산의 주역을 맡는 과도적 상태가 200~300년 지속합니다. 봉건제에서 자본주의로 넘어가는 '이행기'입니다.

자본주의가 시작된다는 건 자본 축적운동이 시작된다는 것입니다. 그러려면 축적운동이 진행될 수 있는 조건이 마련되어야 합니다. 이것을 '시초 축적'이라고 합니다. 우선 자본 운동이 진행될 수 있는 정도의 자본량이 형성되어야 합니다. 15세기부터 아메리카와 아프리카 등에서 벌어진 식민지 약탈, 노예 상인과 플랜테이션 소유자들의 막대한 이익, 국제 무역 등이 이것을 만들어줍니다. 자본주의는 처음부터 국경을 초월하는 체제였던 거죠.

시초 축적의 더 중요한 내용은 '이중적인 의미에서 자유로운' 인간의 탄생입니다. 신분제로부터 자유로워 제 노동력을 스스로 처분할 수 있고, 생산수단으로부터 자유로워(생산수단을 소유하지 못해) 제 노동력을 판매해야만 생활할 수 있는 인간입니다. 바로 자본주의적 임금노동자죠. 이는 구체적으로 기존 사회의 생산자인 농민들을 그들의 생산수단(토지)으로부터 떼어냄으로써 가능해집니다.

생산수단과 노동력의 분리, 이것은 생산수단을 독점하는 자본가와 노동력만 소유한 임금노동자의 분리이자 구조화이기도 합니다.

그 과정은 잔혹했습니다. 15세기 유럽에서 양모 산업이 발달하여 양털이 비싼 값에 거래되자, 영국의 지주와 귀족들은 양을 키우기 위해 공유지와 미개간지에 울타리를 치고 농민을 쫓아냅니다. 도시로 몰려든 농민들은 오랫동안 자영 농민으로서 살아온 터라, 자본가의 통제와 규율이 있는 공장 생활에 적응하기 어려웠습니다. 구걸이나 유랑, 도둑이 되는 경우가 많았습니다. 국가는 그들을 가두고 때리고 죽이기까지 하며 근면한 노동자로 길들여갑니다.

이 일은 우리에게 두 가지를 일깨워줍니다. 오늘날 노동자의 자식은 안정적 임금노동을 하는 게 소망인데, 이때는 목숨을 걸고 임금노동을 하지 않으려 했다는 것입니다. 자유로운 인간은 과연 무엇일까요. 또한 시장에 대한 국가의 개입이 자본주의 출발부터 있었다는 겁니다. 19세기식 자유방임이란 실제로는 허상이죠. 국가는 자본가의 필요에 따라 개입하거나 방임합니다. 방임 역시 다른 형태의 개입인 거죠.

시초 축적 시기는 농업의 변화도 병행합니다. 중세 장원의 토지는 생산력이 매우 낮았습니다. 게다가 지력을 회복하기 위해 일부 농지는 쉬어야 했죠. 봉건 사회 말기에 이런 문제들을 해결하는 새로운 영농 기술이 발전합니다. 토지를 효율적으로 정리하고 새로운 기술을 적용함으로써, 이전보다 훨씬 적은 농업노동자로 엄청난 소출을 얻을 수 있게 됩니다. 봉건 사회 내부에서 발전한 생산력이 봉건적 생산관계를 해체하는 과정이라 할 수 있습니다.

인클로저 운동은 영국에서 시작되어 수백 년 동안 진행됐지만, '두 가지 면에서 자유로운' 존재가 만들어지는 과정은 어느 사회에서나 각자의 방식으로 나타납니다. 미국 남북전쟁 역시 그 과정이었죠. 당시 미국 남부는 노예노동에 기반한 농업이 중심이었지만, 북부는 상공업이 발달하며 만성적 노동력 부족에 시달렸습니다. 북부 자본가는 노예를 임금노동자로 만들어야 했습니다.

토지를 잃거나 작은 토지로는 생활하기 어려운(생활에 필요한 상품들을 구매하기 어려운) 농민들이 도시로 몰려와 빈민 지역을 형성하고 가장 열악한 노동을 수행하는 풍경은 세계의 도처에서 여전히 볼 수 있습니다. '농민공'은 중국 자본이 경쟁력을 갖는 데 주요한 요인이 되어왔죠. 이들이 생산한 저가의 생필품들은 발달한 자본주의 사회에서 상대적 잉여가치 늘리기와 실질임금 삭감에 기여합니다.

도시에서 자본주의적 생산의 출발은 독립적 수공업

자들의 연합인 길드의 해체라고 할 수 있습니다. 상인들이 수공업자들에게 자본을 대주고 생산물을 취하는 '선대제' 생산 방식이 시작되고, 이어서 수공업자들을 임금노동자로 고용해 생산하는 매뉴팩처 공장이 만들어집니다.

매뉴팩처 시대의 생산에선 수많은 도구를 사용하는 노동자의 숙련성이 중요했고 노동자는 바로 그 힘으로 자본가에 맞설 수 있었습니다. 노동자들은 생활에 필요한 시간 이상으로 노동하려 하지 않았고, 지나친 억압에 저항하는 태도를 보였습니다. 자본가들은 법령을 만드는 등 노동시간을 연장하려는 갖은 노력을 하지만 숙련성 문제 때문에 한계가 있었습니다. 자본가가 노동자를 거느리고 생산을 하지만 아직 완전히 장악하진 못한 것입니다. 17세기 말까지 계속되는 이 상태를 '자본의 노동자에 대한 형식적 포섭'이라고 합니다. 이 상태를 완전히 바꾼 게 산업혁명입니다.

산업혁명은 생산력의 비약적 발전과 인류 생활의 질적 변화를 만들어냅니다. 그러나 산업혁명이 일어난 원인은 잉여가치를 둘러싼 자본 간의 경쟁이었죠. 18세기 후반 면 방적업에서 작업기의 혁신과 증기 기관의 도입으로 시작한 산업혁명은 19세기 초 공작기계의 일반화로 완료

됩니다. 노동자들을 하나의 공장에 모아 통일적인 지휘 아래 대량 생산을 하는 '기계제 대공업'이 성립합니다.

자본에게 기계제 대공업 성립의 가장 중요한 의미는 노동자의 숙련성이라는 걸림돌을 제거한 것입니다. 기계 덕에 비숙련 노동자가 고용되고 여성이나 아동의 공장 노동이 가능해짐으로써, 남성 숙련 노동자의 노동력 가치가 폭락합니다. 공장에서 밀려난 남성 노동자들은 문제의 원인을 기계로 보는 기계 파괴 운동(러다이트 운동)을 벌이기도 하지만, 역사의 큰 흐름을 거스를 순 없었습니다.

도구는 인간 신체의 연장이며, 그걸 사용하는 인간이 생산의 주역입니다. 그러나 기계가 도입되면 생산의 주역은 기계가 되고 인간은 그 보조적 존재가 됩니다. 기계의 속도가 노동강도를 규정합니다. 자본가는 기계의 감가에 대처하는 일, 즉 비싸게 도입한 기계를 새로운 기계가 나오기 전까지 최대한 사용하는 일이 중요했습니다. 노동자가 자본가에 대항하는 무기로써 숙련성이 사라진 상태에서, 노동일이 15시간 이상으로 늘어나고 24시간 쉬지 않고 기계를 돌리기 위한 교대제 노동이 일반화합니다.

기계제 대공업에서는 지금까지 노동자들이 생산에 관해 갖고 있던 지식이나 기술이 노동자로부터 분리되어 근대 과학으로 체계화합니다. 그게 바로 우리가 '과학 기술'이라 부르는 것입니다. 과학 기술은 실제 생산자(노동자)를 고려하지 않고 생산 방법을 혁신해가며, 생산자는 새로운 생산 방법에 적응할 수밖에 없게 됩니다. 드디어 '자본의 노동자에 대한 형식적 포섭'이 '자본의 노동자에 대한 실질적 포섭'으로 바뀝니다.

시초 축적과 매뉴팩처, 기계제 대공업의 성립이 저항하는 인민을 임금노동자로 포섭하는 과정이었다면, 이젠 반대 상황이라 할 수 있습니다. 노동자의 자식들은 어릴 적부터 임금노동을 하기 위해 열심히 노력하는데, 생산 과정에선 노동자가 빠르게 축출되어가고 있죠.

'자본의 유기적 구성의 고도화'의 필연적 귀결입니다. 자본의 유기적 구성의 고도화란 쉽게 말해서 일정 규모 생산에 필요한 노동자가 줄어든다는 이야기입니다. 생산량 확대에 따라 필요한 노동자 수가 절대적으로 늘어나더라도, 투하된 자본 크기 혹은 확대된 생산 규모에 비하면 계속 줄어드는 거죠. 자본가 입장에서 노동자는 점점 더 쓸모없는 존재가 되어간다는 의미이며, 사회적으로 상대적 과잉인구(실업 상태 노동자)가 늘어난다는 의미죠.

'10대 90의 사회'의 의미는 소득 격차를 넘어 다른 차원으로 접어듭니다. 생산은 10퍼센트의 노동력만으로 가능해지고, 나머지 90퍼센트는 필요 없는 존재가 되어가는 겁니다. 자본주의 생산 규모가 절대적으로 늘어나는 경향이 있었지만, 유기적 구성의 고도화로 인해 추가 노동력 필요는 생산 규모가 늘어나는 속도에 못 미칩니다. 점점 더 많은 사람이 제대로 된 일자리를 찾기 어려워집니다. 결국 상황은 극단화하고요.

청년 실업 문제를 말할 때 자주 나온 '잉여'라는 말은 이 상황에 대한 직관적 표현인 셈입니다. 청년 문제는 세대적 상황처럼 나타나지만, 정확하게 말하면 '노동자 계급의 최근 상황'이죠. 중년 노동자의 상황이 청년보다 낫다면, 단지 이전 상황에서 자본가와 맺은 계약이 유지되기 때문입니다. 각국 정부는 저마다 요란스럽게 청년 실업 대책과 지원 정책을 진열하지만, 그만큼 해결책이 없음을 보여줍니다.

사회보장제도를 반대하는 우파가 희한하게도 기본소득은 지지하는 경우가 있는데, 그건 바로 이 '잉여'와 관련되어 있다고 볼 수 있습니다. 상대적 과잉인구는 고용 상태 노동자를 통제하고 억압하는 힘이자, 노동력 시장의 저수지 역할을 합니다. 그러나 이제 그런 수준을 넘어 다수 노동자가 생산 과정에서 필요 없는 존재가 되었을 때 체제의 안정을 고려해야 하는 거죠. 잉여들이 불온해져 체제를 위협할 가능성을 일찌감치 차단하고, 최소한의 소비자 구실을 담당할 수 있도록 해야 하는 겁니다.

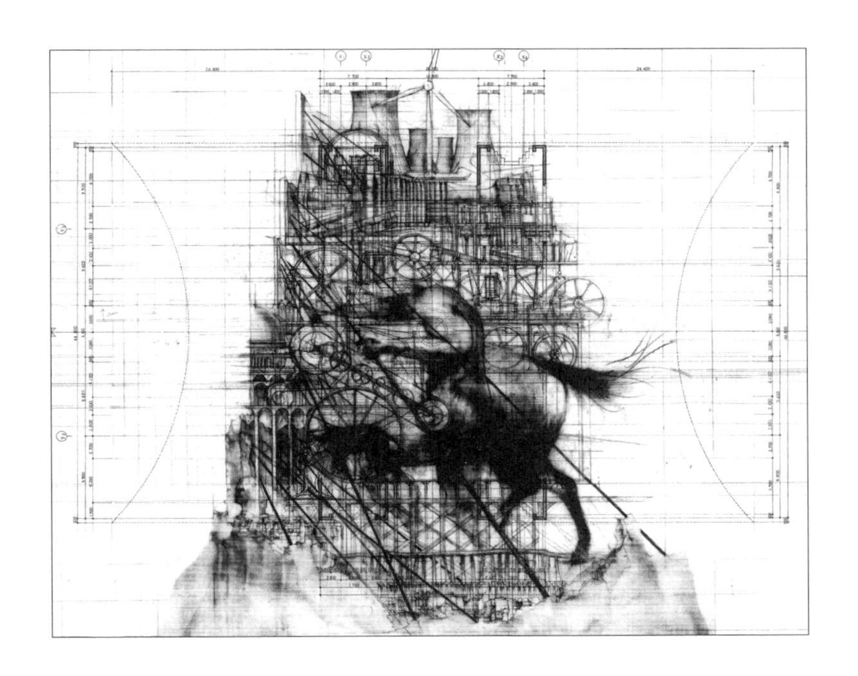

18

노쇠한 자본주의

역사 속의 한 생산양식으로서 자본주의는 노쇠했습니다. 산업혁명기 즈음 자본주의가 힘이 넘치는 축적운동으로 인간을 해쳤다면, 근래 자본주의는 노쇠한 상태에서 억지로 축적운동을 벌이느라 인간을 해치는 형국이랄까요. 또한 노쇠한 자본주의는 심각한 생태기후 위기를 만들어냅니다.

자연에 대한 근대적 관점은 인간이 주체가 되어 자연을 대상화하는 관점, 즉 인간이 자연을 부리고 사용하는 주인이라고 보는 것이었습니다. 이를 두고 회의와 비판적인 시각이 생겨났는데, 특히 기후 위기에 대한 경각심이 확산하면서 인간을 자연의 일부라 보는 관점이 일반화하게 됩니다. 기후 위기를 해결하는 방법 또한 체제 내에서 기술적 방법을 모색하는 환경주의에서 체제의 변화를 지향하는 생태주의로 빠르게 변화하고 있죠.

마르크스는 노동을 '인간과 자연의 물질대사'로 봤습니다. (이 점을 근거로 마르크스를 현대적 생태주의자에 꿰맞추려는 무리한 시도와는 별개로) 이러한 관점은 오늘날 우리에게 의미 있는 통찰을 제공합니다. '물질대사metabolism'는 생명체가 생명을 유지하는 데 필요한 것을 섭취하고, 섭취된 영양소가 생리 기능을 발휘하며, 불필요한 것을 배설하는 활동입니다. 인간은 생존하기 위해 끊임없이 소비해야 하는데, 소비하기 위해서는 생산을 해야 합니다. 생산은 자연에 가하는 노동을 기본 뼈대로 하고요. 인간은 노동을 통해 자연을 변화시키는 한편 자신도 변화합니다.

그렇다면 문제의 근원은 노동이며, 노동이 물질대사로서 갖는 성격에 있는 셈입니다. 노동이 물질대사 역할을 정상적으로 할 때, 인간과 자연은 조화를 이루며 살아갈 수 있을 겁니다. 반대로 노동이 물질대사 역할을 하지 못하거나 다른 목적에 사용된다면 인간과 자연은 함께 위기를 맞게 될 테지요.

자본주의 이전까지 생산양식에서 생산의 목적은 인

간의 필요 충족이었고, 그에 따라 노동이 물질대사로서 갖는 성격도 마찬가지였습니다. 자본주의에서 생산의 목적은 자본의 이윤 축적이 되며, 노동은 이윤의 원천으로서 축적운동에 사용됩니다. 이윤이 발생할 거라 기대되는 한, 생산은 인간의 필요와 무관하며 제한되지 않습니다. 생산수단으로서 자연 소재들은 제한 없이 투입되고, 생산 과정이 남기는 폐기물 또한 자연에 떠맡겨집니다.

자연이 가진 엄청난 에너지와 정화 능력 덕에 위기가 바로 닥쳐오진 않을지언정, 자본주의가 발전하고 생산력이 폭발적으로 증대함에 따라 결국 자연 역시 한계에 이르게 됩니다. 이윤율의 경향적 저하는 자본 운동의 자연파괴적 성격을 더욱 강화합니다. 자본은 갈수록 저하해가는 이윤율에 대응하기 위해 생산량을 늘려야 합니다. 개별 상품 단위에서 저하한 이윤을 총 이윤으로 벌충하는 거죠. 현대 자본주의의 대량생산-대량소비 체제는 필연적입니다. 더 많은 생산과 소비는 당연히 더 많은 자원을 사용하고 자연을 더 많이 오염시킵니다.

생태 위기의 원인이 자본주의라고 하면, 이윤을 위해 자연에 대한 무분별한 파괴를 자행하는 탐욕스럽고 비윤리적인 자본가나 기업을 먼저 떠올리게 됩니다. 활동가들이 맞서 싸우다 희생되기도 합니다. 그러나 만일 그게 다라면 철저히 단속하고 관련 법과 제도를 강화함으로써 해결할 수 있을 겁니다. 하지만 생태 위기의 원인이 자본가와 자본 축적운동의 일반적 속성에 있다고 한다면 이야기가 전혀 달라지겠죠. 자본주의 체제 내에선 이 위기를 해결할 수 없다는 의미니까요.

환경 관련 규제나 법안은 개별 국가 차원이든 국제적 차원이든 꾸준히 진전해왔습니다. 하지만 자본 축적운동의 지속이라는 전제에서 이루어지는 진전인 만큼, 자연 파괴 속도나 기후 위기 해결에 필요한 수준을 따라잡을 순 없습니다. 그래서 기후 위기 운동가들은 세계의 주요 정치 지도자와 기업가 들이 기후 위기 해결에 진정성을 보이지 않는다고 비판하기도 합니다. 하지만 설사 그들이 개인적으로 진정성이 있다 해도 다를 건 없습니다. 자본 운동의 정치적 담당자로서, 그리고 인격화한 자본으로서 그들이 축적운동을 거스를 순 없기 때문입니다. 거스르는 순간 그들은 제 지위를 박탈당할 테죠.

제도 정치나 주류 경제학 관점으로 기후 위기는 자본 축적운동의 맥락에서(일반적인 표현으로, 시장 원리의 맥락에서) 고려됩니다. 탄소 배출 절감에 드는 비용과 그로 인해 얻을 수 있는 편익을 계산하는 일은 기후 위기를 해결하는 가장 현실적인 접근 방법으로 여겨지고요.[1] 교토의정서에 제시된 탄소배출권 거래나 청정개발제도는 그런 맥락에 있으며, 미국의 탄소 배출 감소 계획인 오염총량거래제도cap and trade는 탄소배출권을 새로운 투기수단으로 만들려는 시도입니다. 자본가들이 이런 방안을 받아들이는 이유는 그것이 갖는 현실성 때문이라기보다는 이를 축적운동의 새로운 대상으로 보기 때문이죠.

최근 자본 진영에서 유행하는 'ESGEnvironmental, Social and Governance'도 같은 맥락이라 할 수 있습니다. 자본가들이 무작정한 이윤 추구에서 벗어나 자연과 사회를 고려한 지속 가능한 경영을 생각하게 되었다고들 합니다. 그러나 자본가들이 ESG를 도입하게 된 직접적 계기는 주요한 투자 회사들이 투자를 결정하는 과정에 해당 요소들을 반영하기 시작했기 때문입니다. 투자 회사의 자본은 수많은 사람으로부터 모은 것이니 이런 여론을 반영해야 하죠. ESG

---

1 2018년 노벨 경제학상 수상자 윌리엄 노드하우스는 기후 위기의 원인은 자본주의 체제가 아니라 개별 경제주체들의 판단과 의사결정 오류라고 말합니다. 기후 위기는 시장 원리로(특히 이윤 경쟁이 촉발하는 기술 혁신으로) 해결할 수 있다는 거죠.

가 말하는 지속 가능성은 인간과 자연이 아니라, 축적운동의 지속 가능성입니다.

오늘날 대형마트에 산더미처럼 쌓인 상품을 보며 인간의 필요에 적정한 생산이 이루어지고 있다고 생각할 사람은 별로 없을 겁니다. 미니멀 라이프, 제로 웨이스트 같은 이름 아래 '지구를 위하여 소비를 줄이자'는 캠페인에 참여하는 사람들도 늘고 있습니다. 이런 캠페인은 수요-공급이라는(수요를 줄이면 공급도 준다는) 시장 논리에 기반한다고 할 수 있습니다. 그러나 수요-공급은 필요-공급과는 다릅니다. 대량소비는 개인의 소비문화가 부적절하게 변화한 결과가 아니라, 대량생산이라는 자본 축적운동의 필요로 기획되고 강제된 문화입니다.

현재 시점에서 모든 개인이 일상에서 자신의 탄소 발자국을 온전히 책임진다고 가정할 때, 그 양은 기후 위기를 막는 데 필요한 양의 20퍼센트 남짓입니다. 물론 개인의 실천은 의미 있고 변화를 위해 필수적입니다. 개인의 실천은 현재 사회에 존재하는 새로운 사회의 조각들이기도 합니다. 이 조각들이 파편이 되어 사라져버리지 않으려면, 개인의 실천들이 생산 체제의 전환을 위한 노력을 거스르거나 분리되지 않아야겠죠.

사실 문제는 간명합니다. 문제의 원인을 부정하거나, 문제의 원인으로 문제를 해결하려는 해괴한 시도들이 문제를 더 복잡하고 암담하게 만들 뿐이죠. 인류는 반나절만 노동하고도 안전하고 문화적인 삶을 누릴 수 있는 생산력에 이른 지 오래입니다. 최근 주목받는 인공지능은 '인간과 가장 닮은 기계'로서 기존의 도구나 기계처럼 인간 신체를 확장하는 걸 넘어, 인간 노동 자체를 대체하는 수준입니다. 생산력이 인간의 필요 충족이 아니라 자본 축적 운동을 위해 사용된다는, 노동이 물질대사를 벗어나 축적 운동의 도구가 된다는 단 한 가지 이유 때문에 인간과 자연은 절멸 위기를 맞고 있습니다.

문제의 핵심은 기계나 과학과 기술 자체가 아니라 기계나 과학과 기술의 '자본주의적 사용'에 있습니다. 기계나 과학기술은 사람들이 전보다 덜 노동하고 제 삶을 누릴 수 있도록 해줍니다. 그러나 자본 운동에 사용되기에 오히려 일자리만 줄고 불안정한 삶을 강요받는 거죠. 이걸 분별하지 못할 때 바로 지금처럼 자본 운동이 끌고 가는 변화를 마치 자연의 변화처럼 숙명적인 것으로 받아들이게 됩니다. '인공지능 시대를 맞아' 같은 흔한 수사들이 바로 그렇죠. 수사는 '인공지능을 어떻게, 무엇을 위해 사용할 것인가' '인간의 필요와 자연을 함께 고려할 때 적정한 수준인가' 같은 질문과 토론으로 바뀌어야 합니다.

간명한 사실은 간명한 언어로 표현하는 게 좋습니다. 기후 위기와 관련하여 자주 사용되는 '탈성장'이라는 말은 짚어볼 만합니다. 이 말은 자본주의 극복을 거부감이 덜 들게 표현하려는 의도로 사용되기도 하지만, 모호하게 흐리려는 의도로도 많이 사용됩니다. 자본주의에서 '성장'은 다름 아닌 자본 축적운동의 지속입니다. 자본 축적운동은 자본주의의 선택 요소가 아니라 자본주의 그 자체입니다. 탈성장 자본주의란 마치 '탈신앙 종교'처럼 성립 불가능한 모순입니다. 기후 위기의 원인을 자본주의라 적시하지 않고, '생산력주의' '산업주의' 등으로 표현하는 경우도 많죠. 하지만 문제는 생산력이나 산업 자체가 아니라, 그것의 자본주의적 사용에 있습니다.

이윤 축적을 위한 생산에서 인간의 필요를 위한 생산으로의 전환은 곧 무계획적 생산에서 계획적 생산으로의 전환이기도 합니다. 계획적 생산에서 '계획'이란 모든 걸 완벽하게 예측한다는 의미가 아니며, 생산이 '수요'가 아니라 '필요'를 기준으로 이루어진다는 의미입니다.

자본주의의 무계획적 생산이 낭비하는 건 자연의 자

원과 에너지만은 아닙니다. 무계획적 생산에서 마케팅과 광고 홍보처럼 상품이 소비자를 찾는 일에 관한 부문은 필수적인데, 이는 '필요와 분리된 구매의 창조'로 변질하면서 더욱 팽창합니다. 신용 부문도 생산이나 실물경제와 분리되어 막무가내로 부풀려집니다. 계획적 생산은 이런 부문에서 낭비되는 막대한 노동력과 생산수단을 인간의 필요를 충족하는 데 사용할 수 있습니다.

계획적 생산 체제에 관한 구체적이고 본격적인 논의는 이 책의 범주를 넘어서지만, 우리는 역사적 경험을 통해 계획적 생산이 현실에서 실현되기 위해 반드시 필요한 몇 가지 조건을 알게 되었습니다. 먼저 사회 성원의 필요를 충족하는 데 무리가 없는 수준의 생산력을 들 수 있습니다. 또 사회 성원의 필요를 파악하고 재생산을 조직할 수 있는 수준의 기술도 있어야 하죠. 그리고 가장 중요하게는 계획적 생산이 소수의 지배나 전체주의로 흐르지 않도록, 민주적으로 통제하고 운영할 수 있는 지적 능력을 가진 인민입니다. 이 조건들은 20세기 초 계획적 생산을 시도했던 현실 사회주의 국가에 모두 결여되어 있었습니다. 현재는 어떤가요?

새로운 사회는 현재의 사회 안에서 자라납니다. 우리

가 노쇠한 자본주의 사회에 살고 있다는 이야기는 바꿔 말하면 새로운 사회가 생겨나는 시기에 살고 있다는 뜻이기도 합니다. 우리는 '이행기'를 살고 있습니다. 이행기가 어떻게 전개되고 어떤 일정을 갖게 될지 말하기 어렵습니다.

다만 이 이행기의 성격을 고려할 때, 그 주역은 선구자나 지도자와 함께하는 군중이 아니라 스스로 사유하는 개인들일 거라는 점은 분명해 보입니다. 적정한 생산방식과 인간과 자연의 물질대사로서 노동을 사유하는 최초의 개인들 말입니다. 유토피아는 없지만, 최소한의 사회는 있습니다.

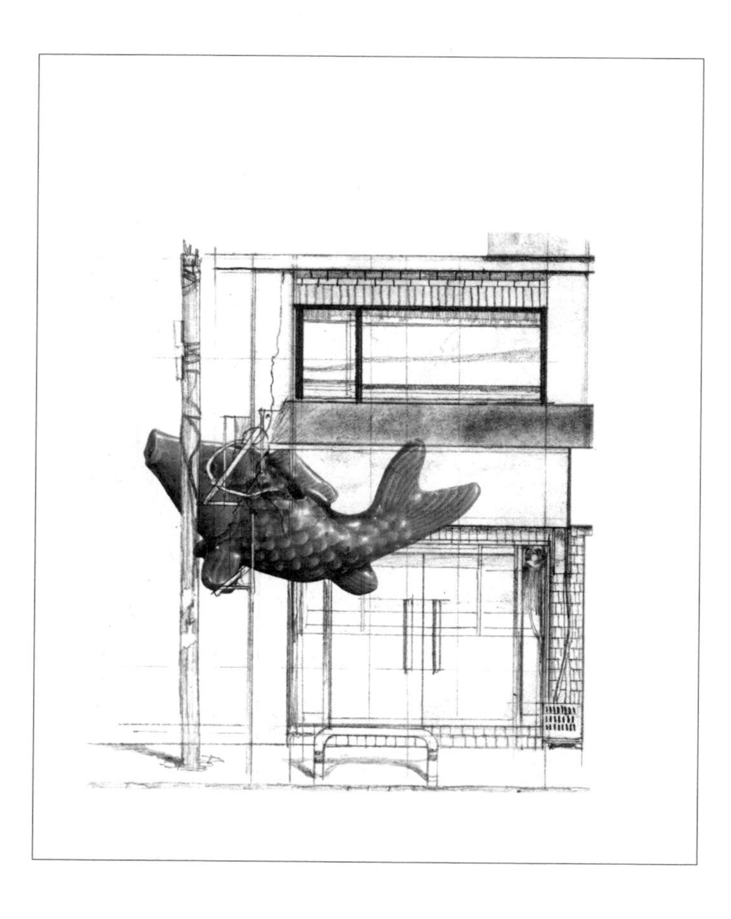

그림 정보

그림 권민호

9쪽 스피커, 14.6×22.6cm, 2021

20쪽 일하는 손 1/2, 58.6×70.7cm, 2022

28쪽 쇼핑몰과 조각상, 70.7×88.9cm, 2022

50쪽 A dog at Quo Vadis, 29.7×42cm, 2013

61쪽 일하는 손 2/2, 58.6×70.7cm, 2022

70쪽 Workers at Quo Vadis, 29.7×42cm, 2013

79쪽 서울 바벨, 153.3×83.9cm, 2018

96쪽 Industrialization de la Corée, 118.9×84.1cm, 2017

112쪽 아틀란틱 배런+돼지, 150×240cm, 2019

131쪽 Modern Hierachy, 133×84.5cm, 2011

150쪽 등대, 80×150cm, 2021

163쪽 현대 포니+암탉, 150×240cm, 2019

177쪽 배, 40×80cm, 2021

187쪽 바벨탑 1/2_건축의 역사, 70.7×88.9cm, 2021

198쪽 공실, 30×30cm, 2021

200쪽 Karl Marx+Quo Vadis, 29.7×42cm, 2013

QUO VAD
G7

▬ 이 책은 우리가 살아가는 자본주의 체제를 파악하는 데 꼭 필요한 내용을 되도록 쉽고 간결하게 담은 것입니다.
눈앞에 펼쳐지는 현상만으로도 자본주의를 충분히 비판할 수 있다는 건 함정일 수 있습니다. '자본주의가 나쁜 체제인 건 나쁜 체제이기 때문'이라는 피상적 동어반복에 빠지는 것입니다. 비판에 앞서 그런 현상들이 만들어지는 원인과 메커니즘을 알아야 합니다. 해결책과 대안은 그다음입니다.

_'들어가며'

▬ 우리가 노쇠한 자본주의 사회에 살고 있다는 이야기는 바꿔 말하면 새로운 사회가 생겨나는 시기에 살고 있다는 뜻이기도 합니다. 우리는 '이행기'를 살고 있습니다. 이행기가 어떻게 전개되고 어떤 일정을 갖게 될지 말하기 어렵습니다.
다만 이 이행기의 성격을 고려할 때, 그 주역은 선구자나 지도자와 함께하는 군중이 아니라 스스로 사유하는 개인들일 거라는 점은 분명해 보입니다.

_18장 '노쇠한 자본주의'